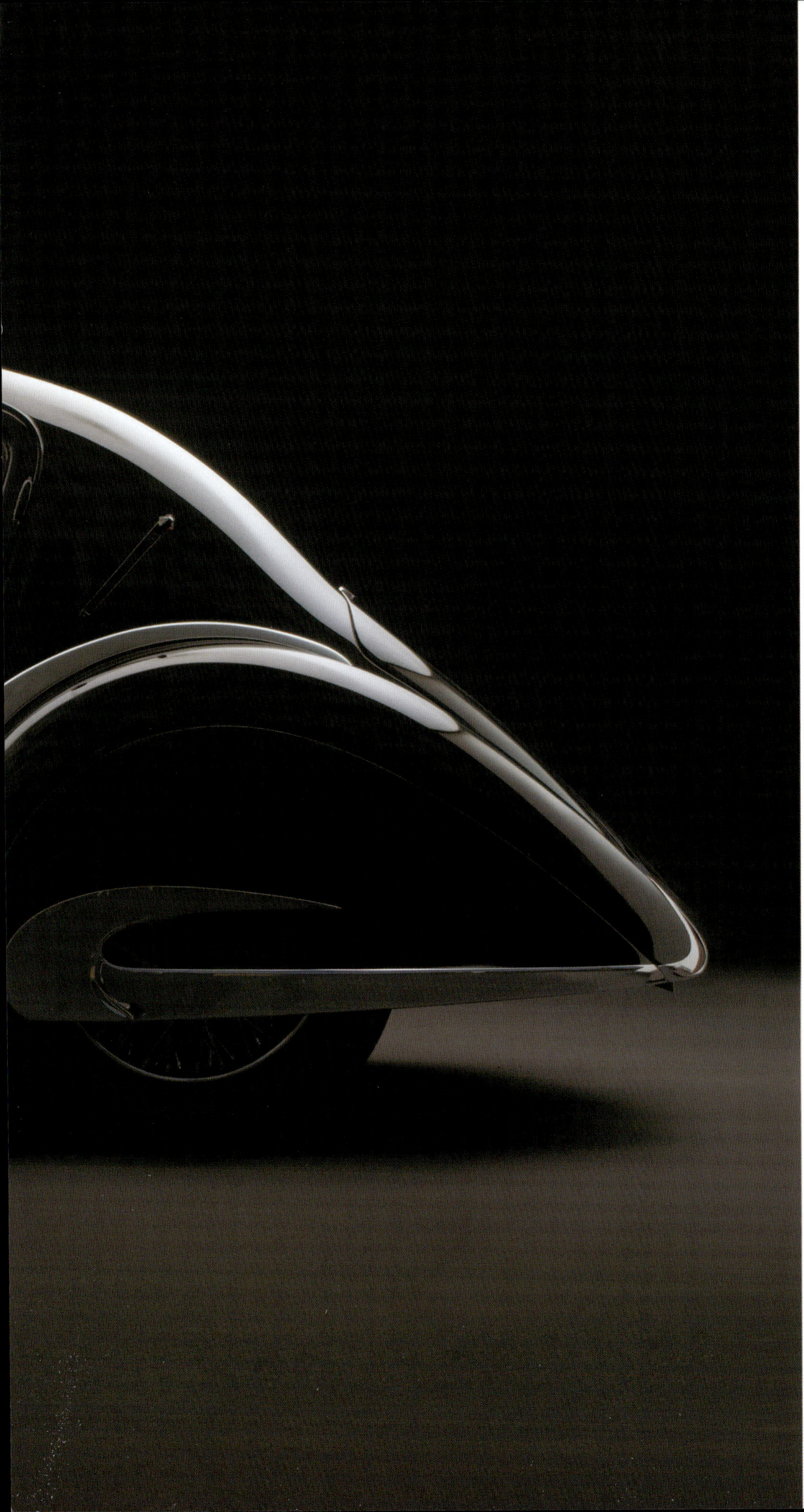

고품격 자동차 ESSAY
클래식카의 예술
ART OF THE CLASSIC CAR

Photography By
Peter Hardoldt

Words By
Peter Bodensteiner

감수
한국클래식카산업협회 회장 **김 필 수** (대림대학교 교수)

Contents

Introduction — 6

발간사 K- 클래식카 시대가 온다! — 8

추천사 K- 클래식카 문화를 기리며 — 9

Section I: **Open Cars** 오픈카 — 10

1911 Mercer 35R Raceabout 머서 35R 레이스어바웃 — 12

1916 Stutz Bearcat 스투츠 베어캣 — 20

1934 Edsel Ford Model 40 Special Speedster 에드셀 포드 모델 40 스피드스터 — 28

1935 Duesenberg SJ Mormon Meteor I 듀센버그 SJ 모르몬 메테오 I — 36

Section II: **Convertibles** 컨버터블 — 46

1929 Cord L-29 Cabriolet 코드 L-29 카브리올레 — 48

1930 Jordan Model Z Speedway Ace Roadster — 56
조던 모델 Z 스피드웨이 에이스 로드스터

1934 Packard Twelve Runabout Speedster 패커드 트웰브 런어바웃 스피드스터 — 64

1935 Duesenberg JN Roadster 듀센버그 JN 로드스터 — 72

1936 Mercedes-Benz 540K Special Roadster — 80
메르세데스-벤츠 540K 스페셜 로드스터

1937 Delahaye 135MS Roadster 델라하예 135MS 로드스터 — 90

1939 Delage D8-120S Cabriolet 들라주 D8-120S 카브리올레 — 98

Section III : Coupes 쿠페   106

1930   Bentley Speed Six Blue Train Special   108
벤틀리 스피드 식스 블루 트레인 스페셜

1933   Cadillac Fleetwood V-16 Aero-Dynamic Coupe   118
캐딜락 플리트우드 V-16 에어로 다이내믹 쿠페

1934   Packard Model 1106 V-12 Sport Coupe   124
패커드 모델 1106-12 스포츠 쿠페

1935   Chrysler Imperial Model C2 Airflow Coupe   132
크라이슬러 임페리얼 모델 C2 에어플로 쿠페

1936   Delahaye Model 135 M Coupe   델라하이 모델 135M 쿠페   138

1937   Bugatti Type 57S Atalante   부가티 타입 57S 아탈란테   146

1937   Delage D8-120S Aérodynamic Coupe   154
들라주 D8-120S 에어로다이내믹 쿠페

1937   Dubonnet Hispano-Suiza H-6C "Xenia" Coupe   164
두보넷 히스파노-수이자 H-6C "제니아" 쿠페

1938   Alfa Romeo 8C2900B   알파 로메오 8C2900B   172

Section IV : Sedans 세단   180

1931   Duesenberg SJ Convertible Sedan   듀센버그 SJ 컨버터블 세단   182

1933   Pierce-Arrow Silver Arrow   피어스-애로우 실버 애로우   192

1934   Hispano-Suiza J-12 Sedanca   히스파노-수이자 J-12 세단카   200

1936   Cord 810 Model C92 Beverly Sedan   코드 810 모델 C92 비벌리 세단   210

1941   Chrysler Town & Country   크라이슬러 타운 & 컨트리   216

Index   225

Introduction

What is a classic car? 미국 클래식카 클럽(Classic car club of America), 미국 앤틱카 클럽(Antique car club of America) 등을 비롯하여, 자동차보험회사나 관할 기관에서의 「클래식카」 규정은 각각 다를 수 있다.

한마디로 탄생 후 몇 십년이 지난 후에도 기억되어지고 명품 가치가 있다는 자동차를 「클래식카」라고 정의를 내린다.

이런 자동차들은 우리가 태어나기 훨씬 전에 생산됐을 경우가 많다. 쉽게 볼 수 없는 오픈카 4종, 컨버터블 7종, 쿠페 9종, 세단 5종 등을 엄선하여 품격이 돋보이는 차체 디자인, 제작의 생몰, 차량제원, 히스토리 등을 어렵게 추적·발췌하여 수록하였다.

흔히들 "난 자동차를 좋아해!"라고 하지만 여기에 실은 '클래식카'보다 현재 굴러다니는 차량에 눈길이 가기 쉽다. 그러나 예술로 승화시킨 「클래식카」의 품격과 그 시대의 엔지니어, 디자이너, 제작자들의 애환을 에세이 형식으로 담아냈다.

초기 자동차 제작자들은 창의성 및 기술적 한계를 뛰어넘어, 핸들을 개선하거나 색상과 모양을 변화시키는 등 수많은 고뇌와 갈등의 흔적들이 숨어있다.

가볍고 날렵한 스포츠카 팬이라면 '머서(Mercer)' 경주용 자동차를, 좀더 우아한 드라이빙을 즐기자면 '알파 로메오 8C2900B'에 도전하기를 권하고 싶다.

마력이 큰 차에 흥미가 있다면 패커드(Packard) 모델 '1106 스포츠 쿠페'나 피어스 애로우(Pierce-Arrow)에서 생산한 피어스 릴버 애로우에 탑재된 '대형 V-12'엔진을 눈여겨 보라.

튜닝에 관심이 가면 1934년형 포드(Ford) 섀시를 개조한 '에드셀 포드 스피드스터'가 눈길을 사로잡을 것이다.

초창기 자동차 제조업체들은 터보슈퍼차저(Turbo Supercharger)가 미처 보편화되기 전에 과급기에 의존하는 경우가 많았다.

'듀센버그 SJ'와 '메르세데스 벤츠 540K'같은 자동차는 슈퍼차저를 사용하여 성능을 끌어 올렸다.

레이싱 팬이라면 일반도로와 서킷 레이싱에서의 변화된 속도를 인지한 '몰본 메테오 I' 또는 '스투츠 베어캣'에서 영감을 얻을 수 있을 것이다.

태동기의 자동차 배경과 그 속살을 짚어가다 보면 흥미로움과 함께 어느 듯 '클래식카'에 매료되어 심미안(審美眼)이 생기리라.

이번 기회로 '자동차 세계의 영감'을 얻고, 창의적인 선배들의 발자취와 그 유산을 기리면 한층 더 격조 높은 '자동차 문화인'으로 거듭날 수 있잖을까!

사진 Peter Harholdt
글 　Peter Bodensteiner

발간사

K- 클래식카 시대가 온다!

"클래식카는 인간이 빚은 자동차 기본 구성과 혁신 그리고 창조의 순환을 제공하는 생활적 예술품이다.

이들을 紙面上에서의 구현을 이렇게까지 표출할 수 있다니…!!"

5년여 전, 원 에이전시로부터 특대형판「Art of the Classic Car」라는 책을 무심코 받아 든다.

하드한 양장본에 드넓은 커버로 씌운 디자인의 자태가 한눈에 담기에도 무게감을 더한다.

표지를 넘기자마자 까아만 배경 숲에 원색의 톤으로 움크리고 있는 '레전드 카'들이 금방이라도 세상 밖으로 뛰쳐나올 기세다.

차체를 정면, 측면, 대각으로 앵글을 잡고, 매 쪽당 양옆으로 활짝 펼친 채 비주얼한 자태는, 하나하나 예술작품(Master Piece)이라고 해도 과언이 아니다.

여기에 게재한 車들은 세계 최초의 경매 행사에서 입찰자들을 열광케 하고, 수천 명을 최고의 경연장으로 끌어 모았던, 백만 달러짜리의 자동차들 중 'Best of Best Classic Car'들만 한 권에 담은 것이다.

'冊'이라는 군집된 글밥을 탈출한 자동차 에세이(에피소드, 내·외장 매력, 엔진 룸, 스펙 등)를 맥락적으로 실사 한쪽 켠에 겸손히 앉혔다.

SNS에서 굴러다니는 순간 눈요깃거리의 숏츠 사진과는 감히 비교할 수는 없다.

요즘 자동차 구매 성향을 보면 신차, 고급차, 외제차, 비싼 차, 큰 차 따위를 선호하는 게 현실이지만, 자동차가 태생적 '이동수단'을 너머, 우리에게도 고풍스럽고 품위 있는 '선진 빈티지 자동차문화'가 꿈틀 거리는 것이 엿보인다.

제안컨대, 우선 격년제로 열리는「서울국제모빌리티쇼」에 클래식카 코너부터 설치하여 보여주는 것은 어떨까!

㈜골든벨의 출판 생리상 'About Mobility' 관련 서적만을 발행하는 것이 천성이다. 하지만 오늘날 冊과 車사이에서 '차를 좋아하지, 책을 좋아하는 것은 아님'을 잘 안다.

그럼에도 불구하고 발행의 용기는 우리나라가 세계 자동차 메이커 상위 순위답게 '클래식카 문화'도 멋진 k-컬쳐 반열에 올려놓고 싶은 마음에서 불씨를 당긴다.

아무튼 '소장용'으로도 손색은 없다.

이것에 탄력을 받게 되면 1940년대 이후의 '레전드 클래식카 시리즈'를 염두에 두고 있다. 열정 마니아층이 단초가 되어 고품격의 자동차 문화로 성숙되기를 희망한다.

2025년 3월

雲香 김 길 현

추천사

K- 클래식카 문화를 기리며

'클래식카'란 흔히들 오래된 '올드카'와 차별되어 희소성과 자동차 내외장 기술적 발달과 함께 존재의 이유와 역사적 의미를 부여한 엄선된 자동차를 지칭한다.

부가가치로는 차종에 따라 가격 산정에 원천 역량을 미치는 이른바 '움직이는 골동품'이라 하겠다.

70~80년 이상된 미려한 디자인과 희소성을 고려하여 원상 복원 문화와 옥션 등 다양한 산업적 가치로 자리매김 한 지 오래다.

특히 손상된 부품 하나하나를 복원하는 과정에서 수작업 공방을 지향하는 종사자들은 '전문직'으로 평가 받고 있다.

각종 전시회와 클래식카 퍼레이드는 물론 경매장도 종종 개최되며, 전문 부품 및 복원시장 등 다양한 영역으로 뭉쳐있다.

대한민국의 「클래식카 문화」는 한마디로 불모지에 불과하다.

유럽이나 미국 등 선진 시장에 비하면 자동차 역사도 짧아 여명기 「클래식카 산업과 문화」라 할 수 있겠다.

현실은 클래식카 시장은 없고, 일부 개인과 기업이 보유하고 있는 차종으로 한정되어 있을 뿐이다. 정부는 물론 지자체도 인식조차 부재하여 관련법 제정 등 꿈도 꾸지 못한 실정이니…!

최근에는 과거의 복원 문화를 아우르는 '레트로(retro)' 개념과 클래식 디자인을 중심으로 전기차 튜닝 등 '뉴트로(newtro)' 개념으로 확장하는 시장형성도 꿈틀거리고 있다.

이 참에 클래식카 작품집 "클래식카의 예술"를 모빌리티 전문 출판 미디어 (주)골든벨이 불을 지펴 본다.

우리의 클래식카 역사는 미천하지만 1950년대 미국 짚차를 중심으로 수작업으로 만든 '시발'모델과 1975년 국내 최초의 양산모델인 '포니'를 추억하면서 「K-클래식카 문화」가 하루빨리 정착되기를 소망한다.

2025년 3월
한국클래식카산업협회
회장 김 필 수 / 대림대학교 교수

Section I
Open Car

오픈카

하늘도 가고, 구름도 가고, 나도 가고....

자동차에는 처음부터 힘을 발생시키는 엔진과 바퀴 사이에 동력을 전달하는 장치 그리고 이 모든 시스템을 지지하고 있는 섀시(하체)로 구성되어 있다.

여기에 운전자와 몇몇 동승자가 탑승할 수 있다면 자동차의 기본 구성 요소는 갖춘 것이다. 나아가 쉼터처럼 안락함을 제공하는 것은 부차적인 고려 사항이다.

자동차 태동기를 지난 시대임에도 불구하고 기본적인 시스템에서 가장 두드러지게 나타난 두 대의 자동차가 있어 놀라울 따름이다.

1911년 형 Morcer Raceabout과 1916년 형 Stutz Bearcat은 운전을 쉽게 또는 향상시키기 위해 지붕의 덮개와 문을 없애고 스포츠카를 고려한 최초의 자동차 중 하나이다.

더욱이 Mormon MeteorⅠ의 경우에는 고속 레이싱을 위해, Edsel Ford's의 모델40 스피드스터는 디자인 설계상 지붕의 덮개를 완전히 없앴다.

처음부터 비바람을 맞으며 운전하는 것과 애당초 지붕 없이 자동차를 운전하는 것은 전혀 다른 상황이다. 운전자와 동승자 모두에게 탑승 후 질주할 때의 마음가짐은 한층 업 되지 않을까.

우리들이 궁극적으로 이런 자동차를 좋아하는 이유라면, 경박스럽고 불필요한 것을 모두 버리고, 진짜 있는 그대로의 것만으로 승차·주행할 수 있기 때문이다.

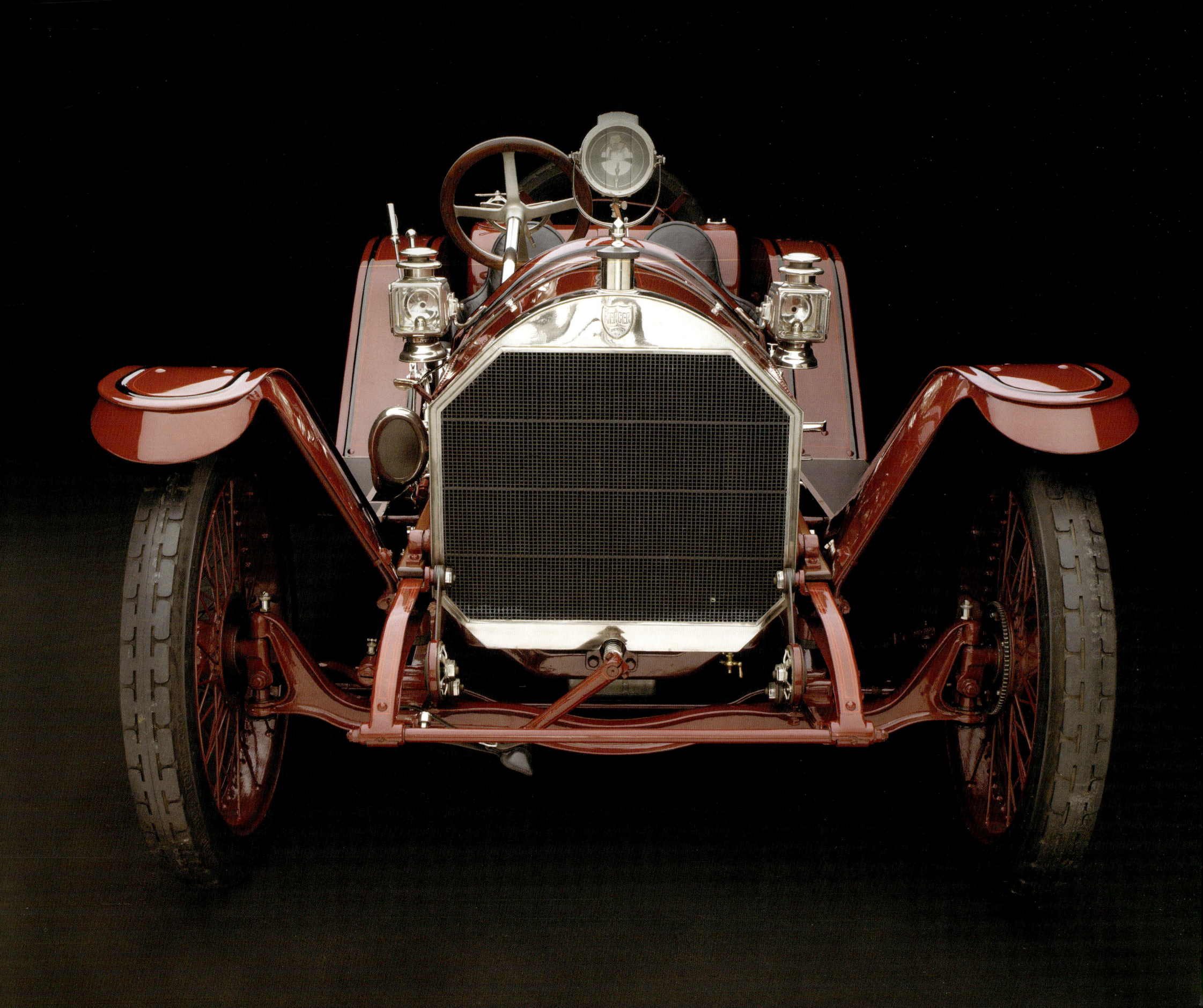

её
1911
Mercer 35R Raceabout

머서 35R 레이스 레이스어바웃

정면은 박쥐, 몸체는 재규어

    이 차가 만들어진 지 100년이 넘는 세월이 흘렀으니 자동차의 모든 역사가 담겨 있다고 봐도 과언이 아니다. 그러나 여기, Mercer Raceabout에서 항상 운전에 대한 본질적인 열정을 경험하는 사람들에게는 창조하고 키워온 디자인 철학을 엿볼 수 있다.

    '머서'는 가벼운 중량, 원활한 섀시, 최소한의 편의 장치나 무모한 장치, 두 개의 좌석 그리고 뒷바퀴를 구동하는 강력한 엔진 등의 청사진을 펼친 것이다. '머서'가 탄생한 뒤에 수십 년 동안 재규어 XK120, MG와 알파 로메오의 로드스터, 다쓰온 240Z, 마쓰다의 RX-7과 미아타, 그리고 오늘날의 도요타 GT-86/시온 FR-S/스바루 BRZ 세단 등 수많은 자동차가 '머서'의 뒤를 따르고 있다.

    앞서 언급한 많은 스포츠카와 마찬가지로 '머서 레이스어바웃'의 소유자는 자신의 자동차를 직접 경주장으로 가져갈 수 있었다. 1911년 인디애나폴리스 500에서 15위를 차지한 머서 팀은 자동차의 헤드라이트와 펜더를 다시 설치한 다음 차를 몰고 뉴저지 머서 카운티에 있는 본사로 돌아가게 된다. '머서'는 경량 자동차에 더 작은 엔진을 장착시킨다. 인디애나폴리스 같은 트랙에서는 승리의 비결은 아니지만, 마력보다 핸들링을 중시하는 작은 서킷과 언덕 오르기 대회에서는 강세를 보여 준다.

    당대 최고의 드라이버 중 한 명이었던 Spencer Wishart는 오하이오의 한 대리점에서 '머서'를 몰고 Dirt-track event에 참가하여 322km 경주에서 우승한 적도 있다. '레이스어바웃'은

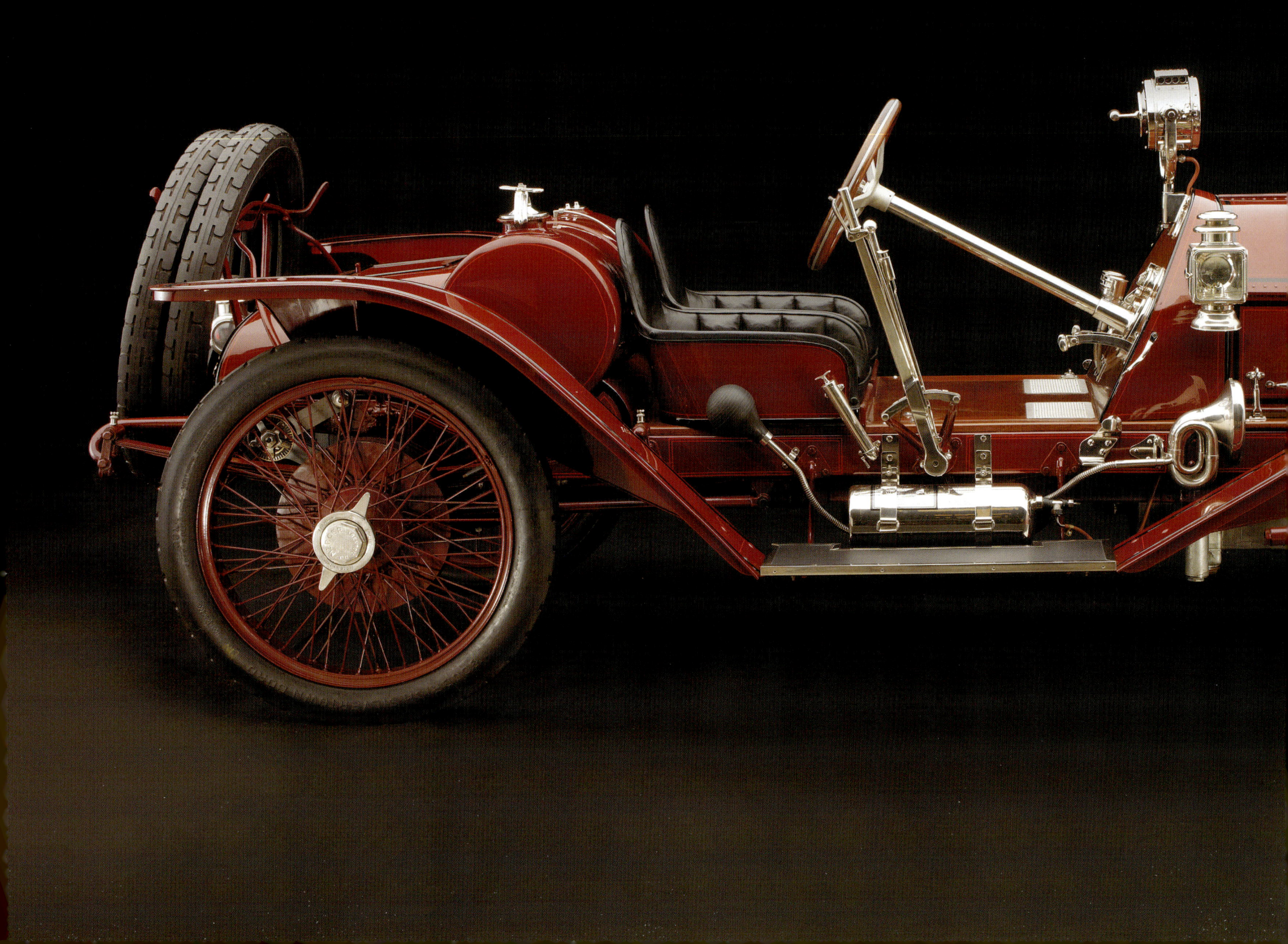

처음부터 성능을 염두에 두고 설계한 것이다.

　디자이너들은 엔진을 섀시 깊숙이 배치하고, 운전자와 동승자의 좌석 위치를 낮게 설계하는데 성공한다. 따라서 지붕이나 보디도 없이 최소한의 펜더만 있을 뿐이다. 운전석은 대각선상으로 뻗은 핸들 뒤에 위치하고, 앞 유리창은 아예 설치하지 않는다. 바로 옆에 설치한 변속 레버는 각 기어를 선택할 때 H 패턴 배열을 사용한 것이 오늘날까지 전형적인 시스템으로 발전하기에 이른다.

　풋 브레이크는 미미한 성능이었으므로 핸드 레버로 리어 드럼 브레이크를 작동시켜 필요한 제동력을 얻는다. '머서'는 엔진과 뒷바퀴 사이에 구동축을 사용하지만 당시 대개의 경쟁사들은 체인 구동을 사용하였다.

　지금의 자동차 엔지니어들도 이 차가 브레이크 성능만 제외하면 놀라울 정도로 현대적이고 민첩하게 운전할 수 있다고 입을 모은다.

Ken Purdy는 The King of the Road에서 "대체로 클래식카는 빠르지 않지만, 이 차만은 다르다."라고 어필한다.

'머서'는 고객들에게 시속 112.7km를 넘을 것이라고 보장하는데, 이것은 1차 세계대전 이전 상황으로 볼 때 담대한 주장이다. 인라인 4기통 4.9리터 엔진은 1,900rpm에서 56마력을 냈지만, 토크가 강한 T-헤드 엔진의 공차 중량은 1,043kg이 채 되지 않는다. 약간의 튜닝을 통해 시속 161km/h에 도달할 수 있다는 것이다.

오늘날 머서 레이스어바웃은 2차 세계대전 이전에 미국에서 제작된 자동차 중 가장 인기 있는 차량이면서, 일반적으로 1백만 달러 이상에 거래되고 있다. 그 이후에 나온 일반인용 스포츠카처럼 결코 저렴하지 않다. 레이스어바웃은 신차 가격이 2,250달러로서 집 한 채 가격과 맞먹을 정도였으니…!

그렇지만 Mercer의 영향력은 아무리 강조해도 지나치지 않다. 자동차 제조업체가 자동차의 본질을 결정할 때마다 진정한 드라이빙의 흥미를 유발하여 머서 레이스어바웃으로 회귀하는 또 다른 연결 고리를 구축하는 것이다.

제원을 찾아서

현존하는 차량 대수 Number Remaining
30~35대

클러치 형식 Clutch
습식형

변속기 Transmission
3단 수동 변속기

기화기 Carburetion
플레쳐 또는 스튜어트 업드래프트

점화 방식 Ignition
2중 마그네틱식

중량 Weight
1,016kg/2,240lbs(파운드)

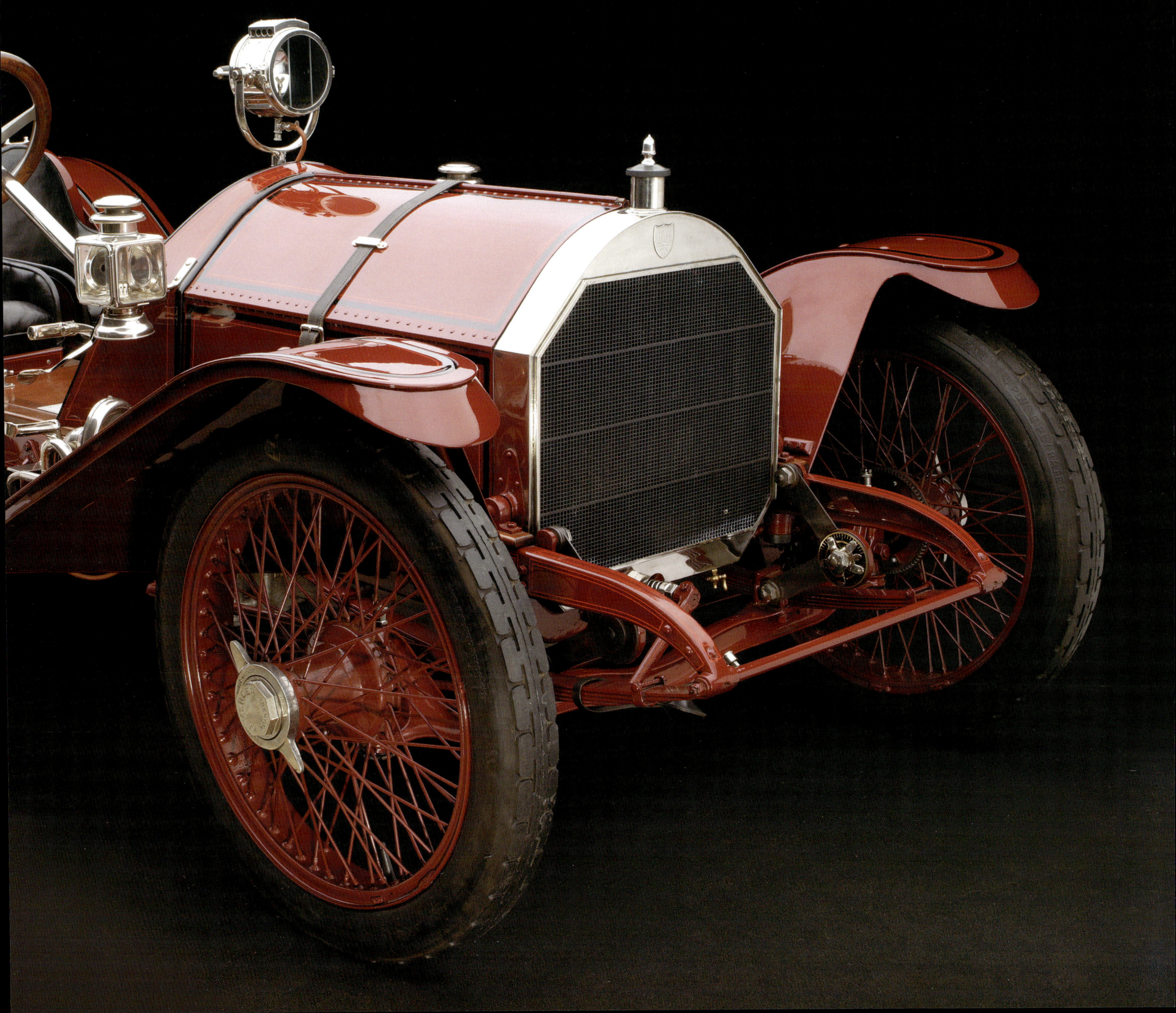

1916
Stutz Bearcat

스투츠 베어캣

너구리 코트를 걸친 희대의 스포츠카

1920년대 너구리 코트를 즐겨 입는 부유층의 상징적 자동차라는 명성과 함께 수십 년 동안 수많은 대중문화에 등장하게 된다.

오늘날 '스투츠 베어캣'은 실제로 이 자동차를 잘 모르는 사람들 사이에서도 흔치 않은 수준의 문화적 관련성을 지니고 있다. '스투츠 베어캣'이라는 이름은 종종 입에서 튀어나온다. 일종의 약칭이자 지난 시대의 상징과도 같은 역할을 했기 때문이다. 그래서인지 '베어캣'은 Simpsons 가족의 에피소드로부터 벨벳 언더그라운드의 노래(Sweet Jane)에까지 묘사되어 등장하곤 한다.

'베어캣'은 원래 퍼포먼스 머신으로서 전에 볼 수 없던 남다른 성공을 거두며 명성을 얻게 된다.

1911년 '인디애나폴리스 500'에 단 5주 만에 제작한 첫 번째 양산차를 약 800km 로드 레이싱에 출전시켜 11위를 차지하는 기염을 토한다. 그러나 Harry C. Stutz는 "하루 만에 잘 만든 차 / The car that made good in a day"라는 회사 슬로건으로 내걸어 주변으로부터 눈총을 받았다는 후문이다. '스투츠'는 Erwin George의 Cannonball 베이커가 초기 베어캣을 몰고 샌디에이고에서 뉴욕까지 11일 7시간 15분 만에 주파하여 종전에 해안을 오가는 기록을 경신하면서 더욱 명성을 얻는다.

베어캣은 대중들에게 새로운 종류의 스포츠 드라이빙 경험을 선사했으며, 머서 레이스어바웃과 치열한 라이벌 관계를 형성하기도 한다. 이 두 스포츠카는 특히 미국 경마장에서 자주 맞붙다보니 열정적인 드라이버들의 기록을 놓고 경쟁을 벌이기도 했다.

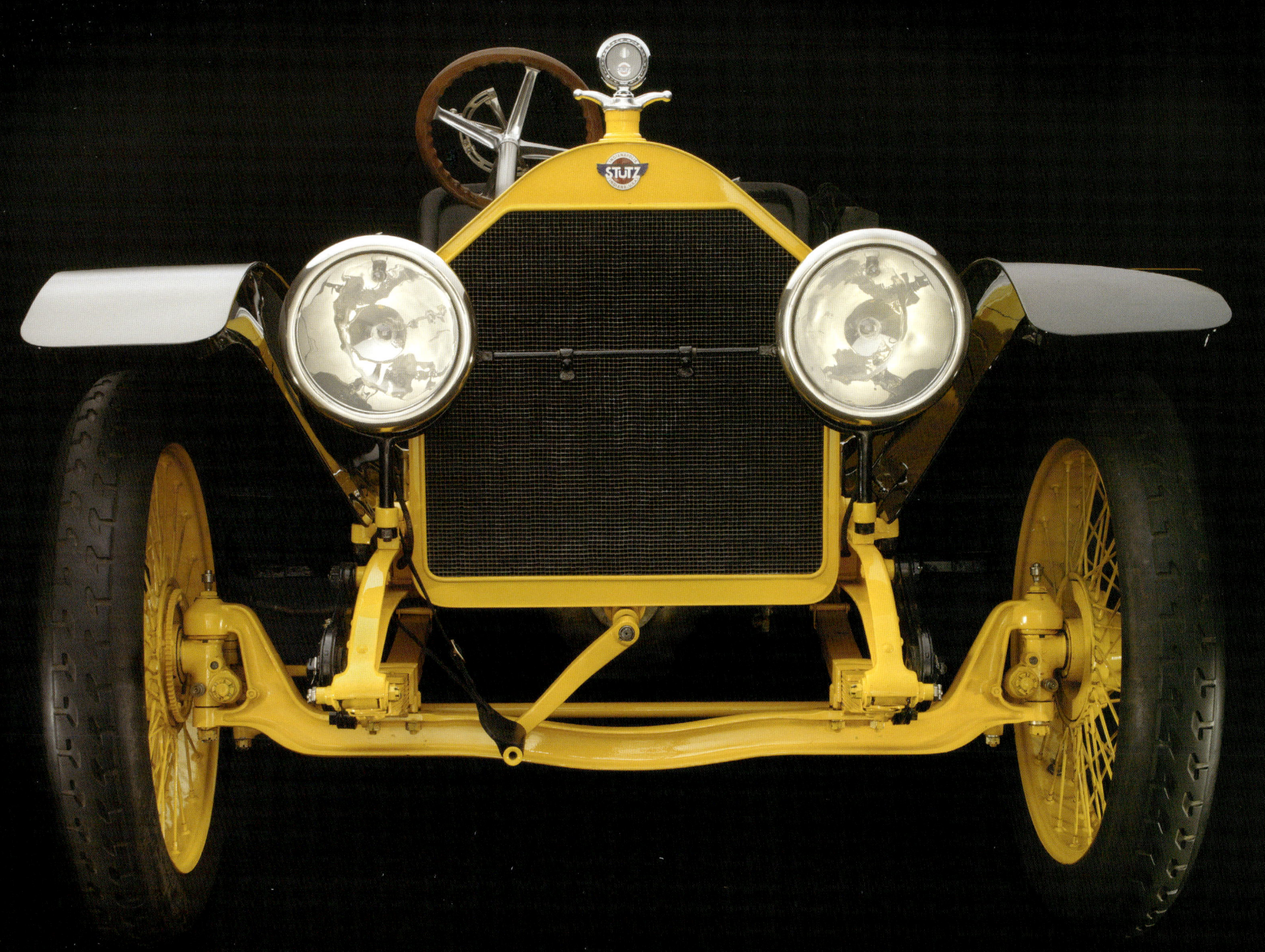

　　Mercer는 중량에서 약 910kg의 무게를 우위에 점하였고, 마력 면에서는 베어캣이 머서를 크게 앞섰지만, 그다지 압도적이지는 않다.

　　시리즈 C 모델인 베어캣은 배기량 990cm^{3}의 4기통 엔진을 탑재하거나 6기통 엔진도 출시했다. 실린더는 짝을 이뤄 주조하고, 각 실린더에 트윈 점화 플러그를 장착하여 T-헤드 디자인으로 설계한 것이 특징이다. 초기 베어캣 엔진의 출력은 60~80마력(Hp)이다. 베어캣은 단순한 후드와 트림 펜더를 포함한 최소한의 차체 무게로써 상대적으로 낮게 유지하고 있다. 문도 없고 앞유리도 없으며(스티어링 휠 컬럼에 모노클 윈드스크린을 장착할 수 있음) 카울도 없고 탑도 없다. 뻑뻑한 클러치와 공격적인 핸드 크랭크 시동은 베어캣이 '상남자'라는 별칭을 얻기에도 손색은 없다. 레이싱에서의 성공은 Perrari Porsche와 같이 후기 브랜드와 마찬가지로 특정 유형의 자동차 구

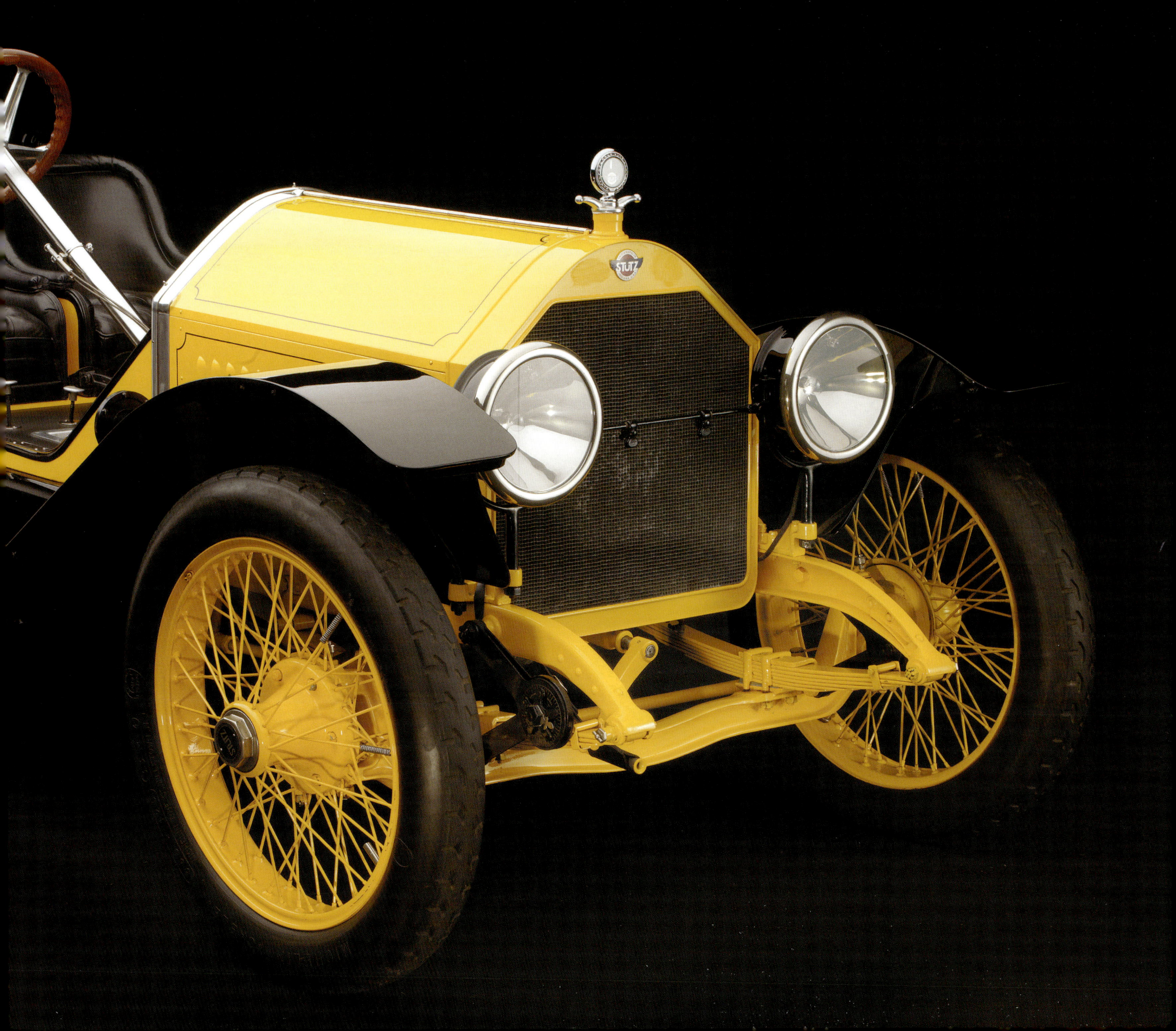

매자들 사이에서 위상을 높이는 계기가 된다.

'스투츠'는 실용적으로 부족한 부분을 성능으로 보완하여 부유한 구매자들 사이에서 좀 더 많은 돈을 쓸 수 있는 'It car'로 자리매김하게 된다. 여기에 1920년 대에 접어들어 로드스터에 도어, 앞유리창, 탑과 같은 편의 사양을 추가하여 고객들의 욕구를 한층 더 충족시키기에 이른다.

날렵하고 민첩한 '머서'와의 경쟁에서 상대적으로 '베어캣'은 큰 성공을 거둬 전체 성적표를 평가할 때 유리한 고지를 점할 수 있었다. '머서'가 사라진 뒤 1924년 모델 생산이 중단된 후에도 베어캣은 레이싱에서 승리를 거뒀고, 심지어 1920년대 후반까지 레이싱 대회에서 볼 수 있었다는 것이다.

그럼에도 불구하고 1934년 스투츠는 자동차 생산을 중단하게 되었고, 오늘날 오리지널 베어캣은 12대 정도 남아있을 것으로 추정하고 있다.

제원을 찾아서

브레이크 Brakes
드럼 브레이크는 앞바퀴에는 없고 뒷바퀴에만 있다.

휠 Wheels
디스크 방식, 스포크 방식

현가장치 Suspension
쇼크업소버 판스프링이 있는 단단한 차축

변속기 Transmission
3단 수동 변속기, 외부 변속 레버

축간거리 Wheelbase
120 inch/305cm

기화기 Carburetion
단일 벤투리 방식

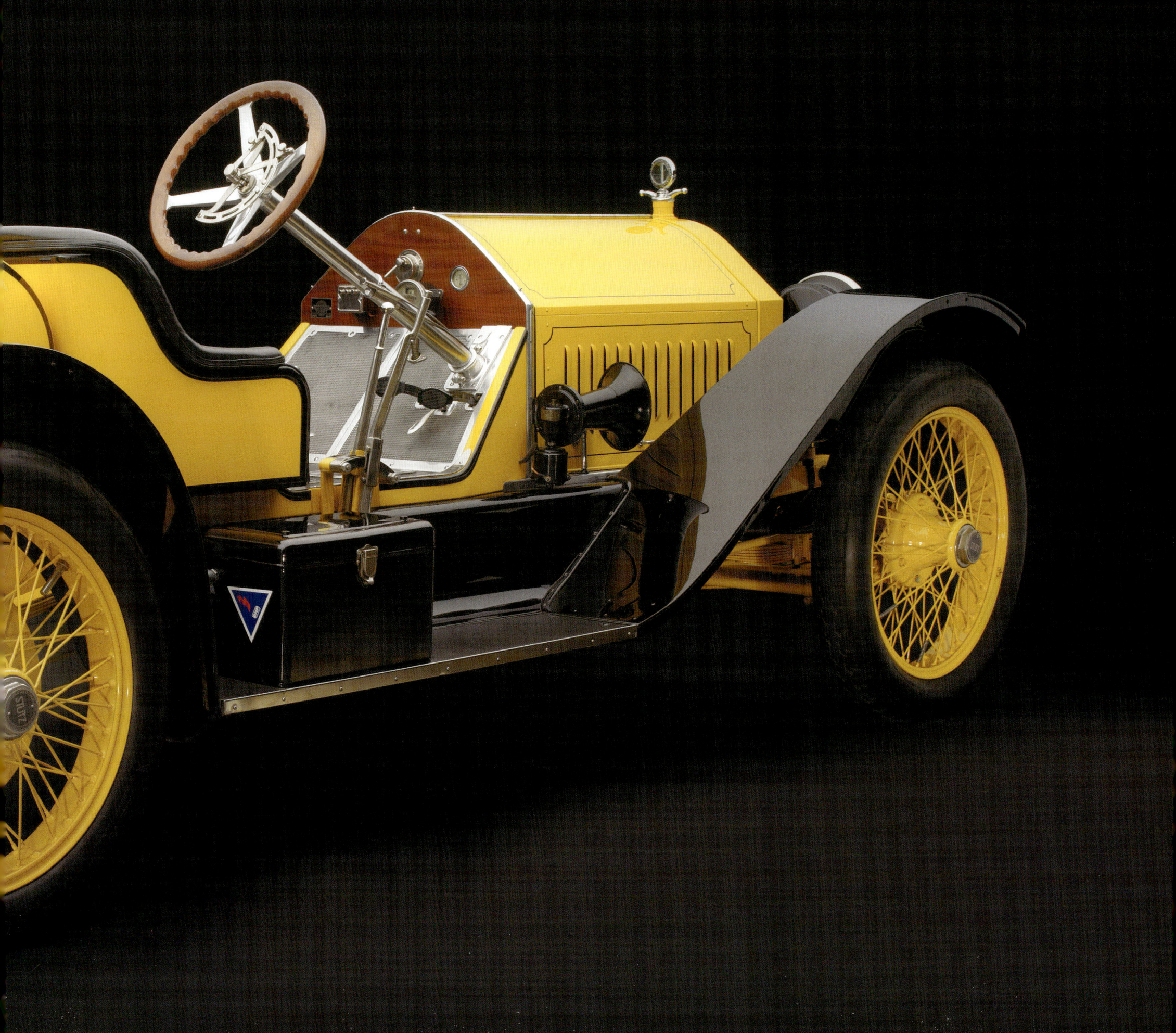

1934
Edsel Ford model 40 Special Speedster

에드셀 포드 모델 40 스페셜 스피드스터

─────────────◆─────────────

질주의 달인, 심플함의 극치!!

"단순함 속에 숨은 극치!"

이 문구의 의미를 가장 잘 구현한 차량이 있다면 바로 포드 자동차 회사 대표 Edsel Ford 의 뚝심으로 제작된 '모델 40' 스피드스터이다.

1930년대 초 유럽을 방문했을 때 보았던 스포츠카에서 영감을 받은 '에드셀'은 당시 포드의 수석 디자이너였던 E. T. 'Bob' 그레고리에게 차고가 낮으면서 날렵한 자동차를 디자인해 달라고 요청하기에 이른다.

그 결과 1934년형 포드(모델 40) 프레임을 개조한 이 차는 순정 플랫헤드 V-8 엔진(뒷날, 더 강력한 머큐리 엔진으로 교체됨)으로 구동하게 된다.

보디 자체의 지붕 덮개는 바퀴 달린 접시를 엎어놓은 형상이지만 세밀함과 비율 면에서 낮고 매끈하며 날렵한 자동차 인상을 풍긴다고나 할까. 빗살무늬같은 앞면 그릴은 양쪽 대각선으로 살짝 뒤로 젖혀져 있고, 아래로는 더 넓은 그릴과 두 개의 원형 헤드라이트가 마치 부엉이 눈처럼 달고 있는 것이 인상적이다.

차량의 하단부는 차량의 맨 앞쪽부터 뒷바퀴까지 쐐기처럼 좁혀지는데, 이러한 테이퍼링은 과장된 앞모습과 가로로 긴 후드가 너무 두툼해 보이는 것을 상쇄시킨다. 조수석 옆으로 패어

진 개구부는 섹시한 요소를 더하고 차량의 평평한 측면은 더욱 나뉘게 보여진다. 별로 이목을 끌지 못하는 운전석 바로 앞의 스플릿 윈드실드는 스포츠 드라이빙을 즐기는 운전자에게 바람으로부터 작게나마 보호막 역할을 한다.

'에드셀'은 1943년에 사망했고, 이후 수십 년 동안 스피드스터는 몇 번이나 사라졌다가 1999년에 다시 모습을 드러낸다. 지금은 역사적인 장소로 운영되고 있는 미시간의 Edsel & Eleanor Ford House로 돌아가서, 이 차를 1940년 당시 모습으로 복원 전시하고 있다.

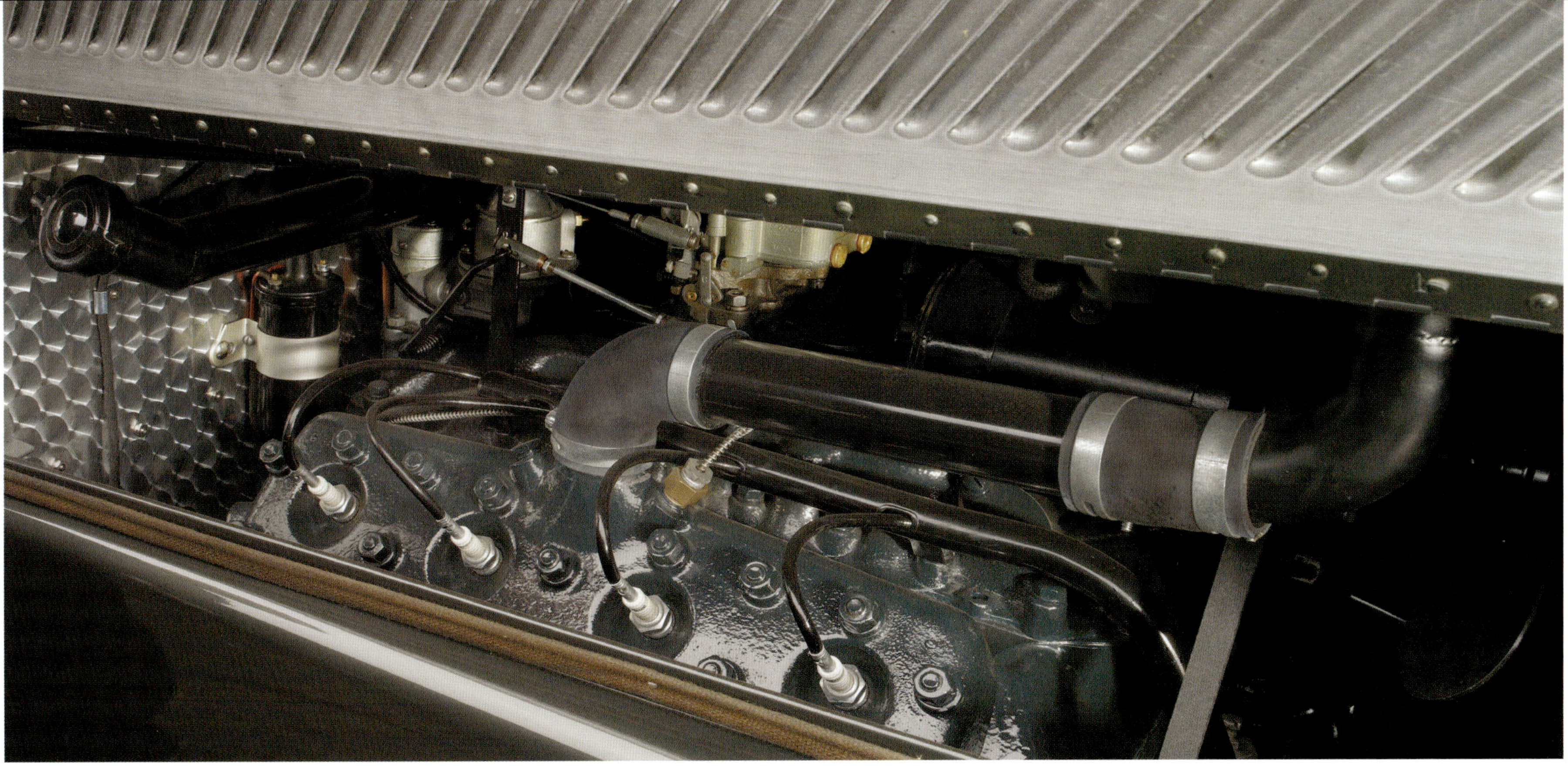

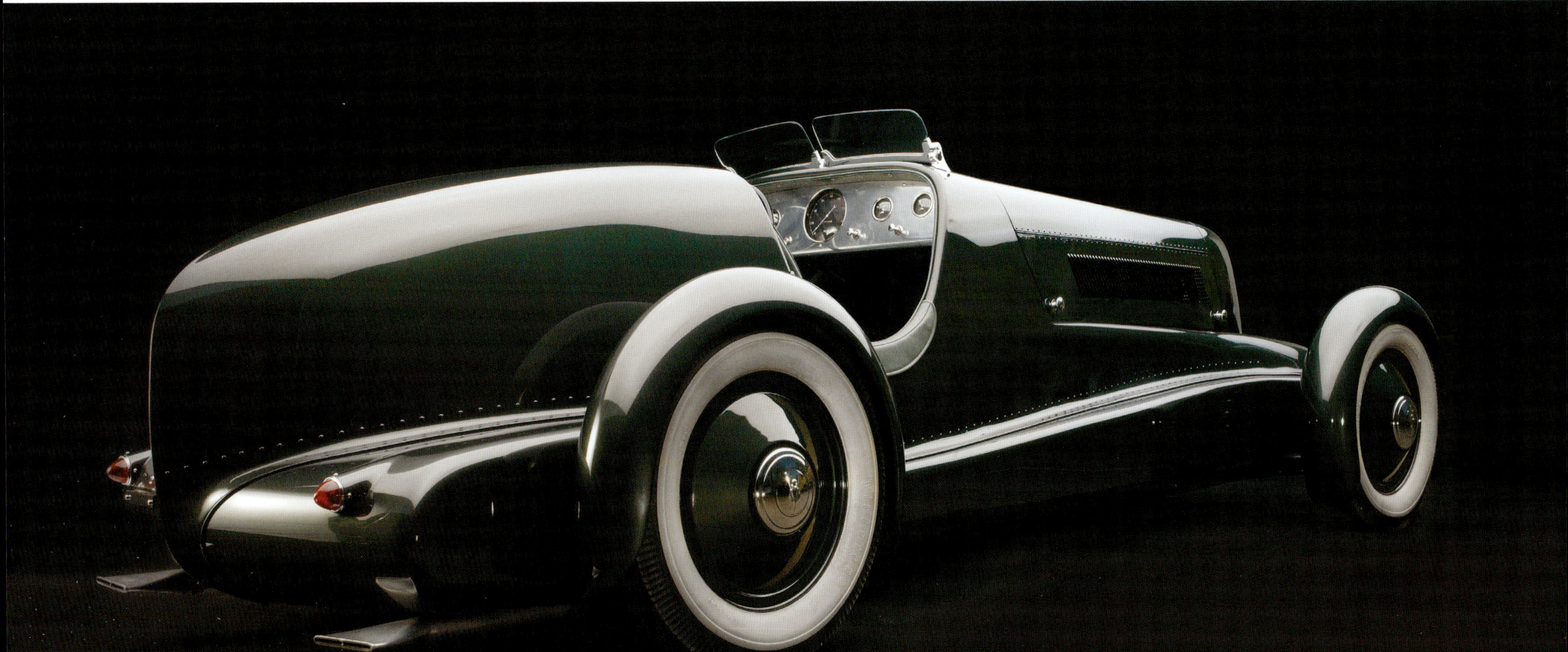

제원을 찾아서

엔진 형식 Engine
머큐리 V-8/3.9리터

파워 Power
100bhp(제동 마력)

보디 Body
알루미늄 프레임에 알루미늄 시트

배기장치 Exhaust
직렬형 2중 배기시스템

중량 Weight
952kg/2,100lbs

축거 Wheel base
287cm/113인치

1935
Duesenberg SJ Mormon Meteor I

듀센버그 SJ 모르몬 메테오 I

우주선을 닮은 폭풍 질주의 로드스터

'모르몬 메테오 I'은 이 책에 등장하는 자동차 중 진정한 레이싱카이다.

20세기 초 품격있는 승용차와 성공적인 경주용 자동차로 명성을 떨쳤던 미국의 유명한 회사 Duesenberg의 레이싱카가 바로 그것이다.

사실 이 차는 '듀센버그 스페셜'이라는 이름으로 불리우며, Ab Jenkins를 위해 특별히 제작된다. 젠킨스는 고향인 유타주의 Bonneville 염전에서 다양한 기록을 경신하는데, 그중 상당수가 유타주 염전 위에 펼쳐진 거대한 타원형을 돌면서 세운 지구력(持久力)의 테스트이다. 젠킨스는 몇 시간 또는 며칠 동안 고속으로 달릴 수 있는 거대하고 빠른 로드스터를 제작하기 위해 '듀센버그'에게 의뢰하기로 한다.

이 차는 142인치(360.68cm) 모델 J 섀시를 기반으로 제작하였다.

J. Herbert Newport는 탑승자는 물론 네 바퀴를 위해 이 차의 좁은 알루미늄 보디, 갈퀴 모양의 그릴과 앞유리, 극적인 페어링을 갖추고 있다. 평평하고 둥그런 팬과 가늘어지는 뒤태 모습은 자동차를 더욱 유선형으로 뽑아내기 시작한 것이다. 이 차의 6.9리터 직렬 8기통 듀센버그 엔진은 듀얼 오버헤드 캠과 스트롬 버그 탄수화물 두 개가 원심식 슈퍼차저를 사용하여 출력을 높인다.

　일반적인 Duesey SJ 엔진은 320마력의 출력을 냈고, 캠 그라인딩의 전설적인 Ed Winfield의 도움으로 젠킨스 자동차의 Mill은 400마력을 뿜어낸다.

　Tony Gulotta와 함께 공동 운전한 '젠킨스'는 24시간 동안 평균 218.194km/h를 기록하면서 신기록을 세웠지만 곧바로 이 기록은 경신되고 만다. 더 많은 출력이 필요하다는 것을 깨달은 '젠킨스'는 듀센버그 엔진보다 두 배 이상이나 큰 Curtiss Conquerer V-12 항공기 엔진을 장착한 다음 차명을 '모르몬 메테오 II'로 짓는다. 결국 24시간 동안 시속 253km/h을 기록하는 등 다양한 기록을 세우기도 한다. 하지만 '젠킨스'는 이것이 섀시의 한계라고 생각했고, 곧 커티스 엔진을 장착한 '모르몬 메테오 III'를 제작하기로 마음 먹는다. 그는 구형 자동차의 섀시를 폐기하고 '듀센버그' 엔진을 장착한 다음 32,186.88km 이상 도로를 주행했으며, 지금은 1935년식 자동차 모습으로 복원되어 있다.

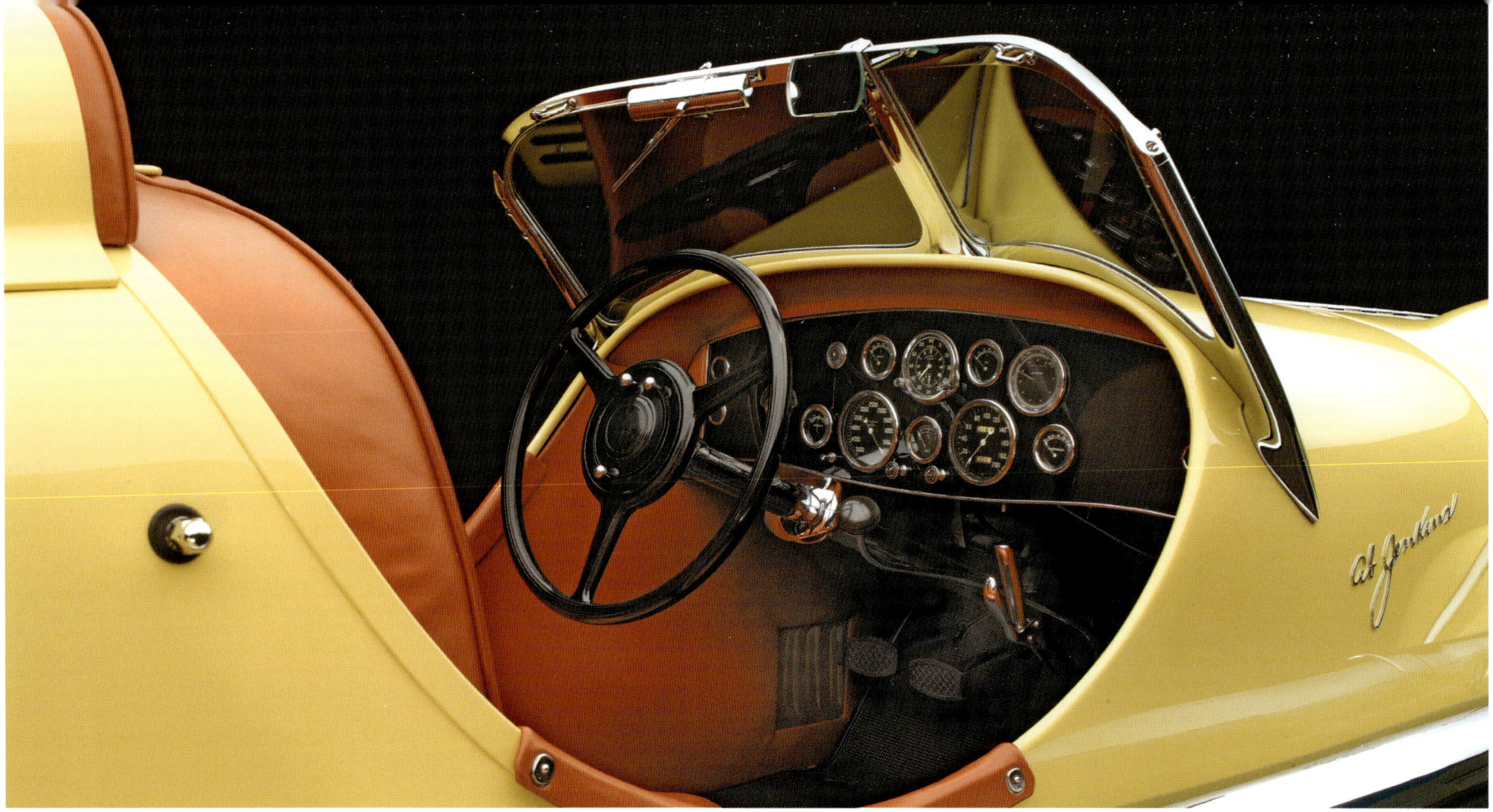

제원을 찾아서

엔진 Engine
직렬 8기통, 실린더당 4밸브, 419.6 큐빅인치(6.9리터)

슈퍼차저 Supercharger
기어 구동 원심식

압축비 Compression
5.2:1

타이어 Tires
파이어스톤 18인치(46cm)

무게 Weight
4,800파운드(2,177kg)

변속기 Transmission
동기물림 방식 3단 수동

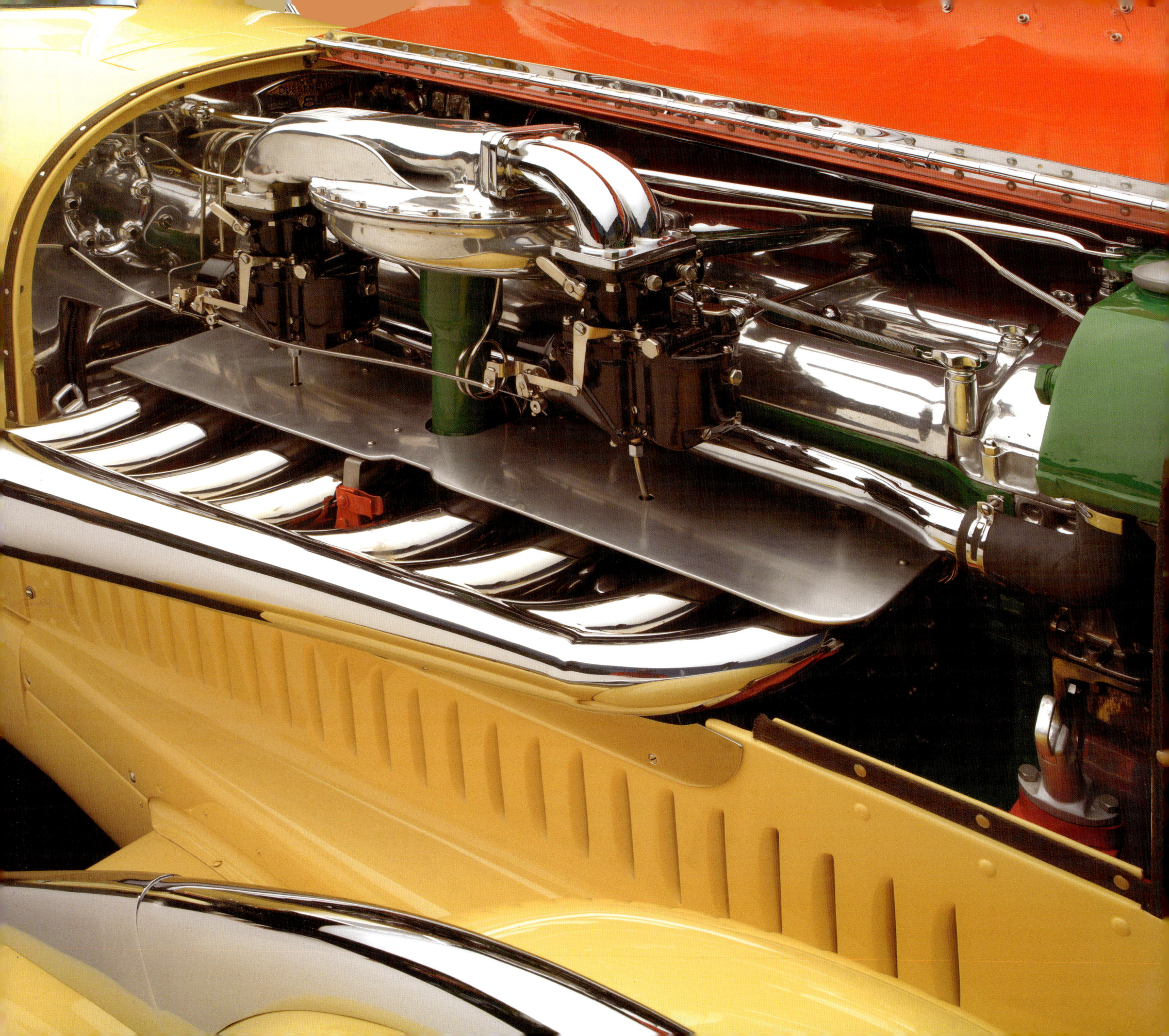

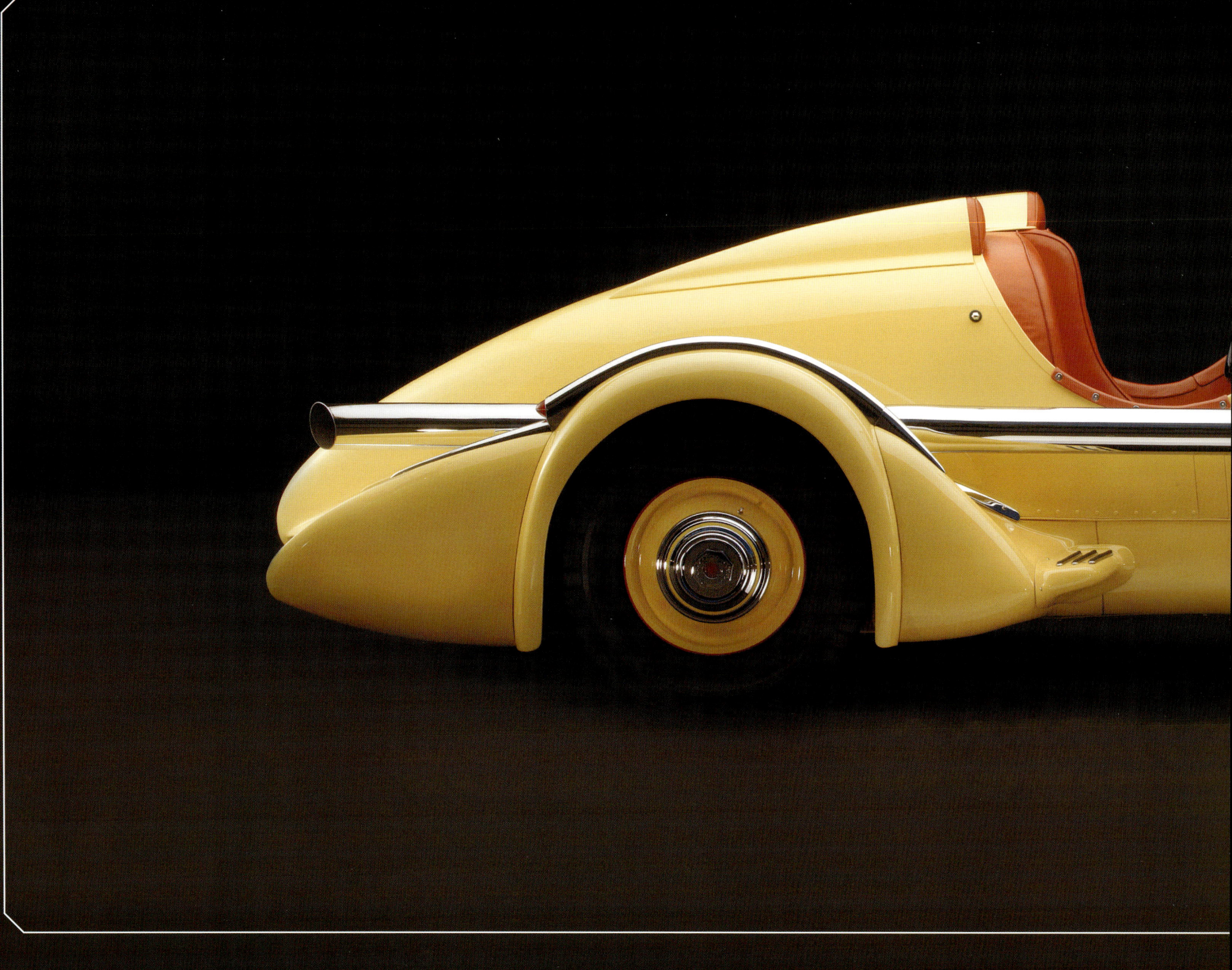

Section II
Convertibles

컨버터블

교만하기 그지없는 낭만 주행의 아이콘

컨버터블을 소유했던 운전자라면, 보통의 자동차와 지붕 없는 자동차를 운전했을 때의 느낌은 경험자만이 알 수 있다.

일상적인 자동차 생활의 운전자라면 윈도와 보디 안에 갇혀, 이런 멋진 신세계 드라이빙을 어찌 감동할 수 있을까.

온몸으로 바람을 맞으며 운전한다는 것은 반드시 좋은 것만 아니다. 때로는 새똥, 날벌레의 습격, 햇볕에 얼굴이 그을리는 등 불편한 진실도 있다. 가끔은 도로상에 나뒹굴던 돌멩이가 타이어와의 접촉으로 튕겨 올라 생채기도 나는 등…!

하지만 이런 것들이 '컨버터블'의 진정한 매력으로 다가온다.

시야에는 동행하는 운전자나 지나가는 보행자에게 완전 노출되므로, 가벼운 미소를 주고받는 운전의 참맛은 쏠쏠하다.

컨버터블을 운전할 때 풋풋한 시골의 향취를 느낄 수 있고, 그늘진 숲길에다 싱그러운 풀잎과 시냇물 소리가 들려온다. 때로는 해안도로를 따라 수평선이 보일 때면 답답한 가슴은 무장해제가 된다.

이 섹션에 소개된 '클래식 컨버터블'을 운전하게 되면, 태어나서 가장 우아한 차량과 함께 지붕을 활짝 열어젖히고 스피디한 통쾌함은 어찌 말로 표현할 수 있으랴.

무난히 목적지에 도착하여 운전석에서 내릴 때면, 주변 사람들의 시선이 저절로 꽂혀 자신도 모르게 야릇한 성취감을 만끽할 것이다.

1929
Cord L–29 Cabriolet

코드 L-29 카브리올레

혁명적인 전륜구동방식을 채용하다

언뜻 보기에 '코드 L-29'는 시대 상황에 놓고 보면 주목할 만한 가치가 없는 자동차처럼 보인다. 하지만 시스템을 찬찬히 살펴 봤을 때 가히 혁명적이라 할 수 있겠다. 이 차를 소유했던 Frank Lloyd Wright도 대단한 평가를 내렸으니까.

L-29는 대량 생산된 최초의 전륜(前輪)구동 자동차였다. 무엇보다도 Cord는 Harry Miller를 이 자동차의 설계자로 선정한다. 밀러는 인디애나폴리스에서 성공을 거둔 뒤 뛰어난 전륜 구동 레이스 카 디자인으로 세상을 깜짝 놀라게 한다.

'밀러'의 전륜구동 설계는 크게 두 가지 장점이 있다.

첫째, 구동축을 차체 하부에 배치할 필요가 없음을 적용한다. 따라서 섀시와 보디를 훨씬 더 낮게 배치할 수 있어, 무게 중심이 낮아져 핸들링을 향상시켰다. 아울러 차체가 더 낮아지고 공기 흐름이 원활하게 되어 속도를 높일 수 있는 공기역학이 개선된 것이다.

둘째, 구동 바퀴가 차량 무게 중심의 쏠림에 따라 타이어 접지력이 향상되고, 동력을 훨씬 더 효과적으로 전진 추진력으로 전환할 수 있었다.

'라이트'는 이러한 전륜구동의 이점을 L-29에 적용하면서 확연히 우수함을 간파한다. 라이트는 자서전에서 전륜구동의 원리는 논리적이고 과학적이며, 종래에는 모든 자동차가 '전륜구동방식(FF)'으로 제작될 것이라고 예단하기까지 한다.

결국, 1980년대에 이르러 자동차 생산업계는 '전륜구동방식'을 널리 채택함에 따라 라이트의 예측은 적중했다고 본다.

L-29의 트랜스액슬은 길고 곧게 뻗은 엔진 앞쪽에 배치되어 있으므로 긴 후드가 필요하다. 코드의 Al Leamy는 보디 디자인에서 차고가 낮고 긴 특성을 강조한다.

색상으로 조화를 이룬 라디에이터 서라운드, 낮은 루프 라인, 차체 길이를 따라 길게 뻗은 강조는 차량의 시각적 특성을 확장하는 데 도움이 되었다.

L-29가 대형 자동차 산업에 미친 영향은 출시 직후에 주식 시장 폭락으로 인지도가 떨어지는 불운을 맞는다. '코드'는 가격을 낮출 수밖에 없었고 1932년 생산이 종료되기 전까지 수천 대의 차량만 판매된 채 단종되고 말았다.

제원을 찾아서

엔진 형식 Engine
125bhp 직렬형 8기통/4.9리터

기준가 Base Price
3,000달러

프런트 서스펜션 Front Suspension
드디온 솔리드 액슬, 1/4타원형 리프 스프링

중량 Weight
2,086kg/4,600lbs

최고속도 Top Speed
123km/h

1930
Jordan Model Z Speedway Ace Roadster

조던 모델 Z 스피드웨이 에이스 로드스터

설마, 단 14대만 생산한 모델일까?

'조던'이 만든 마지막 자동차 중 하나이자 현존하는 유일한 모델이기도 한 '모델 Z 스피드웨이 에이스 로드스터'는 단 14대만 생산된 모델이다.

자동차 메이커를 비롯한 다른 많은 기업들과 마찬가지로 '조던'도 대공황으로부터 벗어날 수 없었지만, 뛰어난 품질과 독특한 미국식 자동차 스타일을 고집하기 전에는 그렇지 않았다.

1916년 오하이주 클리블랜드에 본사를 둔 '조던자동차회사'가 설립된다. 1920년대에 '조던'은 플레이보이 로드스터와 블루보이 세단의 인기 광고 캠페인을 통해 자동차 문화와 광고에 이름을 알렸으며, "Laramie의 서쪽 어딘가에...!"라는 캐치프레이즈를 내걸기까지 했었다.

한때는 미국 내 85개의 딜러를 보유하고, 그 동안 43,000대 이상의 조던 자동차를 생산한다.

1930년에 '모델 Z 에이스'가 출시된다. 이 차는 57cm의 긴 휠베이스 프레임에 낮은 보디를 장착시킨다. 보디는 클리블랜드의 또 다른 회사인 '팩토 오토 바디 컴퍼니'에서 제작하였다.

5.3리터 직렬 8기통 대형 엔진(4단 기어박스와 결합)이 장착되어 3,300rpm에서 114마력의 출력을 낸다. 조던은 다양한 액세서리에 토글스위치(Toggle Switch)를 사용하고 대시보드에 고도계를 장착하는 등 당시에는 항공기에 대한 관심을 사로잡기 위해 노력하였다.

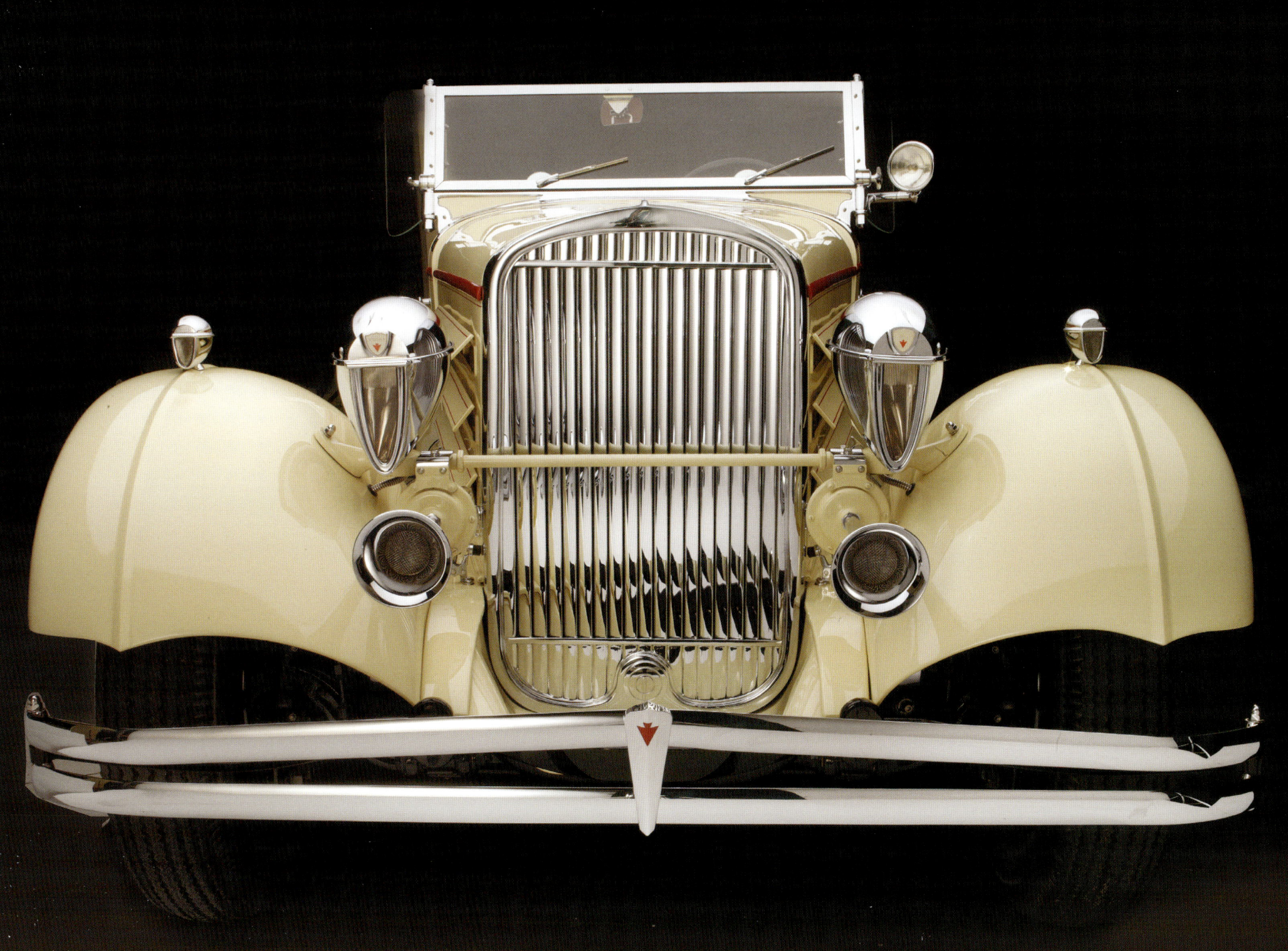

　하지만 조턴은 고품질 부품을 사용하고 오일 및 연료 필터, 자동 윈드실드 워셔, 온도 조절식 라디에이터 셔터, 기타 독특하고 고급스러운 기능을 탑재하는 등 시스템에만 의존하지 않는다.

　엔진의 크랭크샤프트는 5개의 메인 베어링으로 부드럽게 작동을 하며, 완전 유압식 브레이크의 도움으로 자연스런 주·정차도 할 수 있었다.

　안타깝게도 '에이스 로드스터'의 가격과 시장에 출시하는 시기는 처음부터 불운을 맞게 된다.

　5,000달러가 넘는 자동차 가격은 주식 시장이 폭락한 지 불과 1년 만에 출시되어, 많은 잠재 고객들의 구매 욕구가 사라진 뒤였다.

　1998년, 유일하게 살아남아 복원된 '조턴 모델 Z 스피드웨이 에이스 로드스터'는 200 페블비치 콩쿠르 델레강스에서 클래스 상을 받기도 하였다.

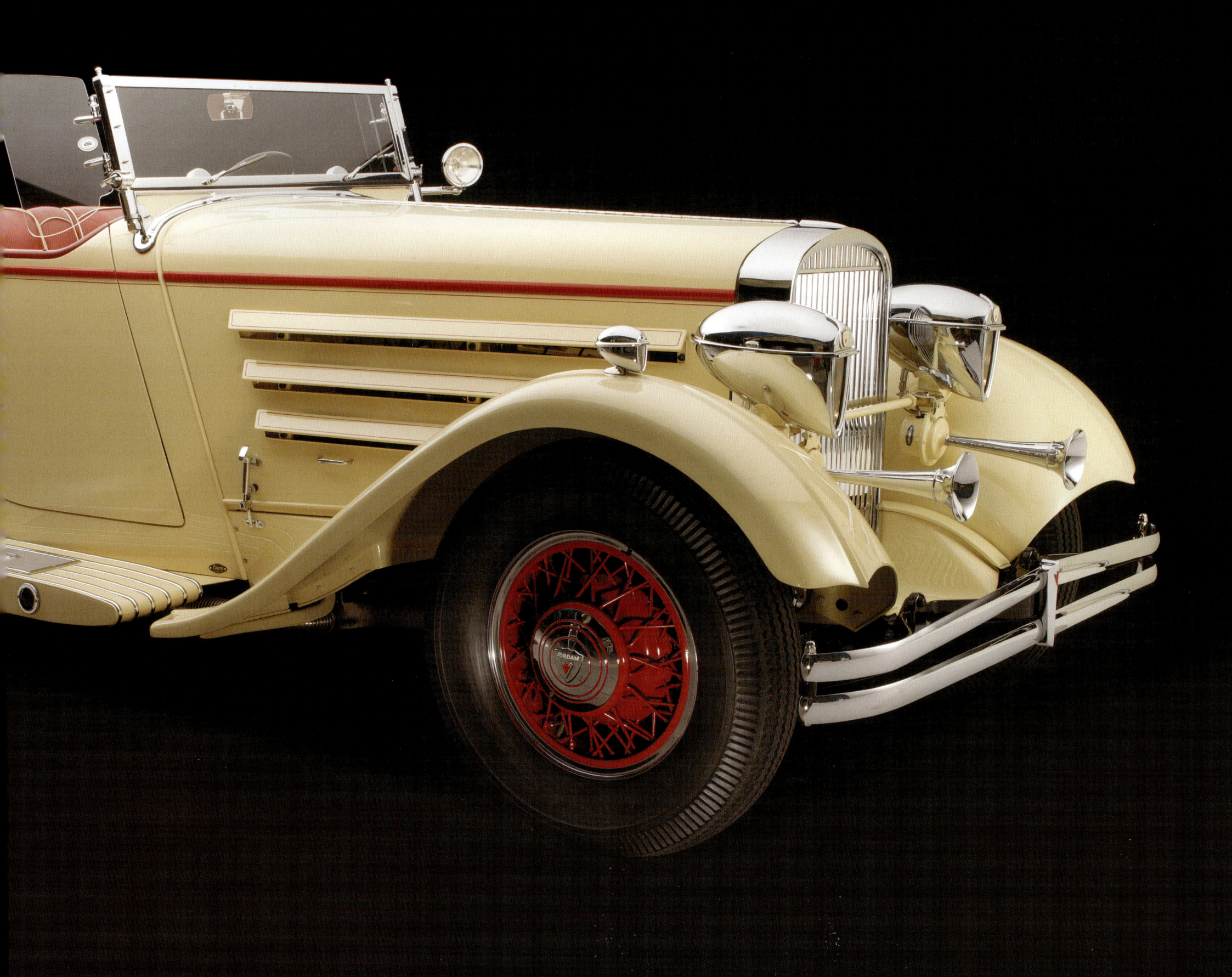

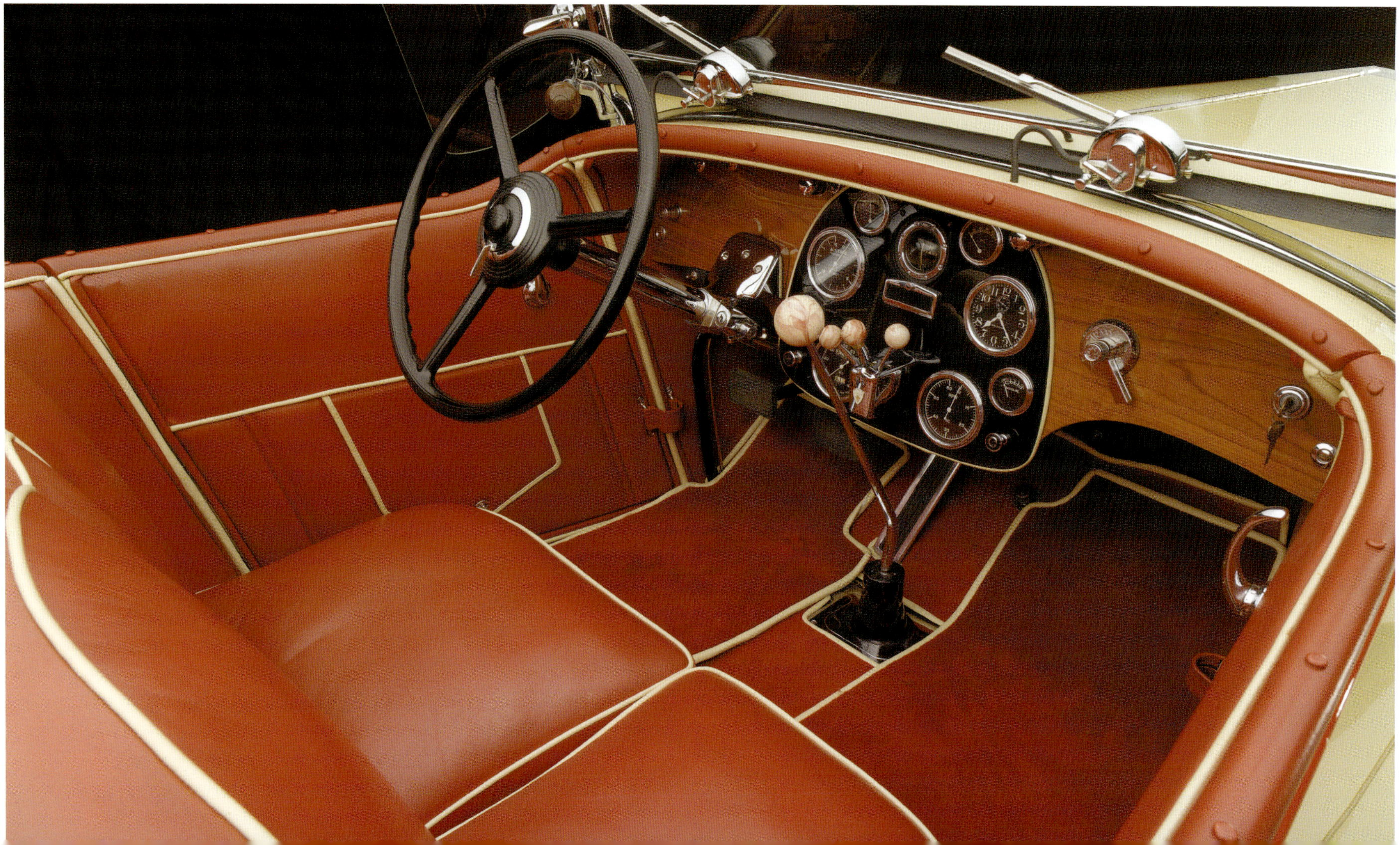

제원을 찾아서

섀시 형식 Chassis
블드롭, 프레스강, 크로스 멤버더 7개

엔진 형식 Engine
직렬형 8기통, 알루미늄 피스톤, 6.9리터

점화 계통 Ignition
듀얼 포인트 및 코일

기화기 Carburetion
트윈 초크

최고속도 Top Speed
160km/h

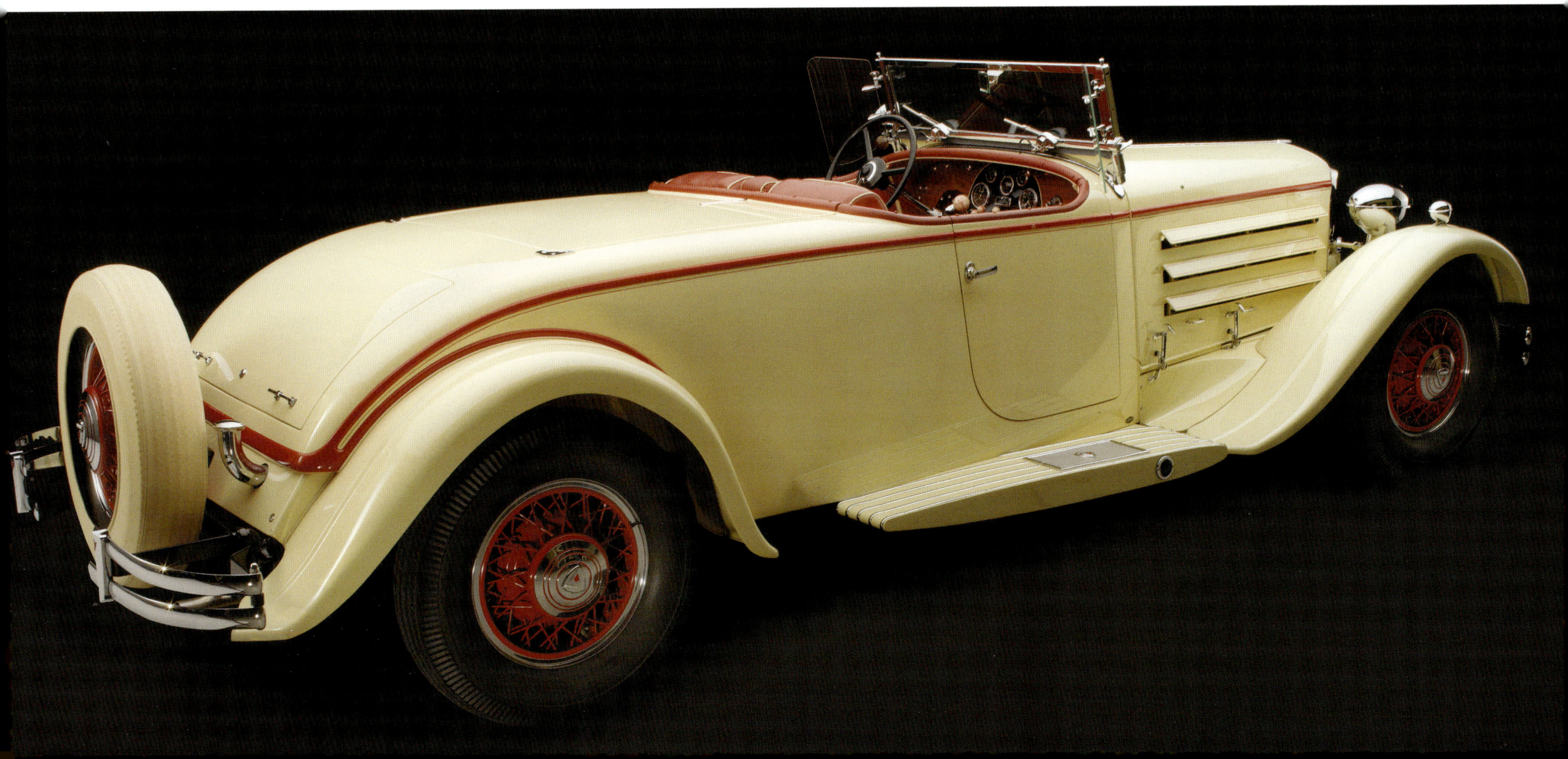

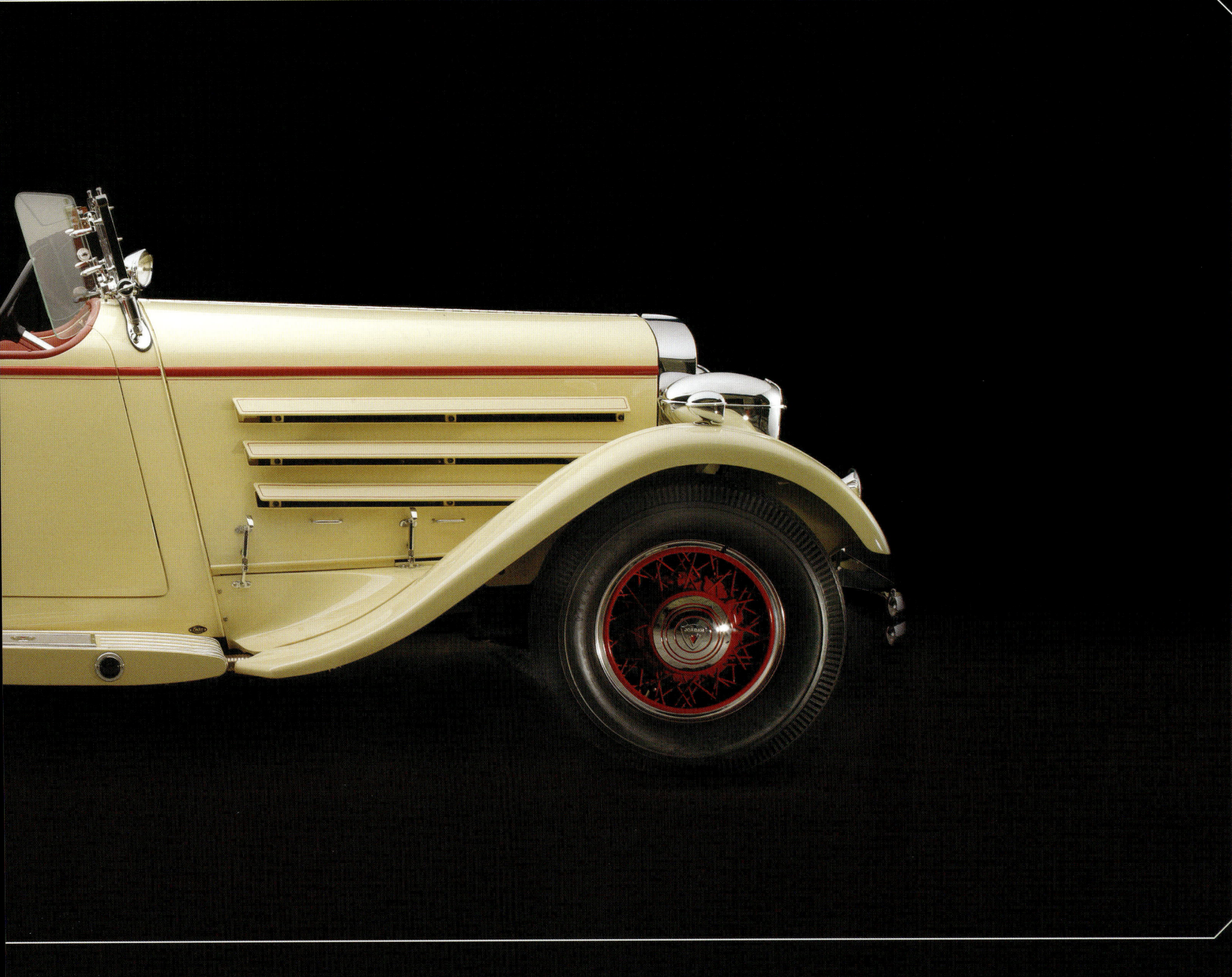

1934
Packard Twelve Runabout Speedster

패커드 트웰브 런어바웃 스피드스터

「바람과 함께 사라지다」의 '클라크 게이블'이 사랑한 자동차

 이 자동차는 이 책에 게재한 Packard Sport Coupe와 아주 가까운 연관성이 있다. 따라서 희소성까지 지닌 '스포츠 쿠페'와 많은 특징을 공유한다.

 스포츠 쿠페는 10대가 생산된 반면, '런어바웃 스피드스터'는 단 4대만 생산되었다.

 '런어바웃 스피드스터'가 특별히 차별화되는 점은 배우 '캐롤 롬바드'가 남편이자 당대에 할리우드를 대표하는 인기 스타 '클라크 게이블'을 위해 주문 생산했다는 것이 퍽 인상적이다.

 이 두 스타는 '듀센버그 JN 로드스터'를 타고 그들만의 로맨틱한 드라이브를 즐겼다는 것이 대중의 이목을 집중시켰다.

 창이 낮은 앞유리창, 후방에 장착한 스페어 타이어, 회전식 디스크 휠 커버는 '게이블 패커드'가 특정 소비자의 취향을 따랐다는 것이 이목을 집중시킨다. '스포츠 쿠페'와 마찬가지로 '런어바웃 스피드스터'의 차체는 Lebaron이 디자인 감독이자 팩커드 사장 Alvan Macauley의 아들이었던 '에드워드 맥컬리'의 지시에 따라 제작하였다. 그런데 '팩커드'와 함께 일했던 또 다른 코치빌더 회사인 Dietrich의 의견도 일부 반영했을 것으로 가늠한다.

 1916년 최초의 12기통 엔진을 도입한 이후에 얻은 교훈을 바탕으로 Packard는 넉넉하고 부드러운 출력을 제공하기 위해 445cc V-12 엔진을 장착한다.

　이런 인상적인 엔진을 둘러싸고 있는 긴 후드는 컬러 키가 달린 그릴에서 차량 뒤쪽까지 이어지는 벨트 라인으로 외관을 확장하였다.

　후드 측면에는 동일한 크기의 통풍구 6개가 균일한 간격으로 배치되어 있고, 각 통풍구에는 가로형 크롬 창으로 장식하고 있다.

　카울 스커틀의 일곱 번째 동일한 통풍구는 후드 측면의 가장자리를 반영하는 코치 도어(Suicide Door) 컷라인과 결합되어, 차량 측면 보디에 디자인의 연속성을 제공하고 있다.

　스커트형 리어 펜더는 운전석 뒤쪽의 리어 데크가 그렇듯이 후면으로 갈수록 점점 가늘어지면서 유선형으로 마무리 한다.

　'패커드 모델 1106'은 자동차 메이커가 생산할 수 있는 높은 수준의 품질과 스타일을 과시하기 위해 설계되었다. 여전히 이 자동차가 높은 가치를 인정받고 있는 것은 애당초 이 목표에 달성하였다는 반증이 아닐까.

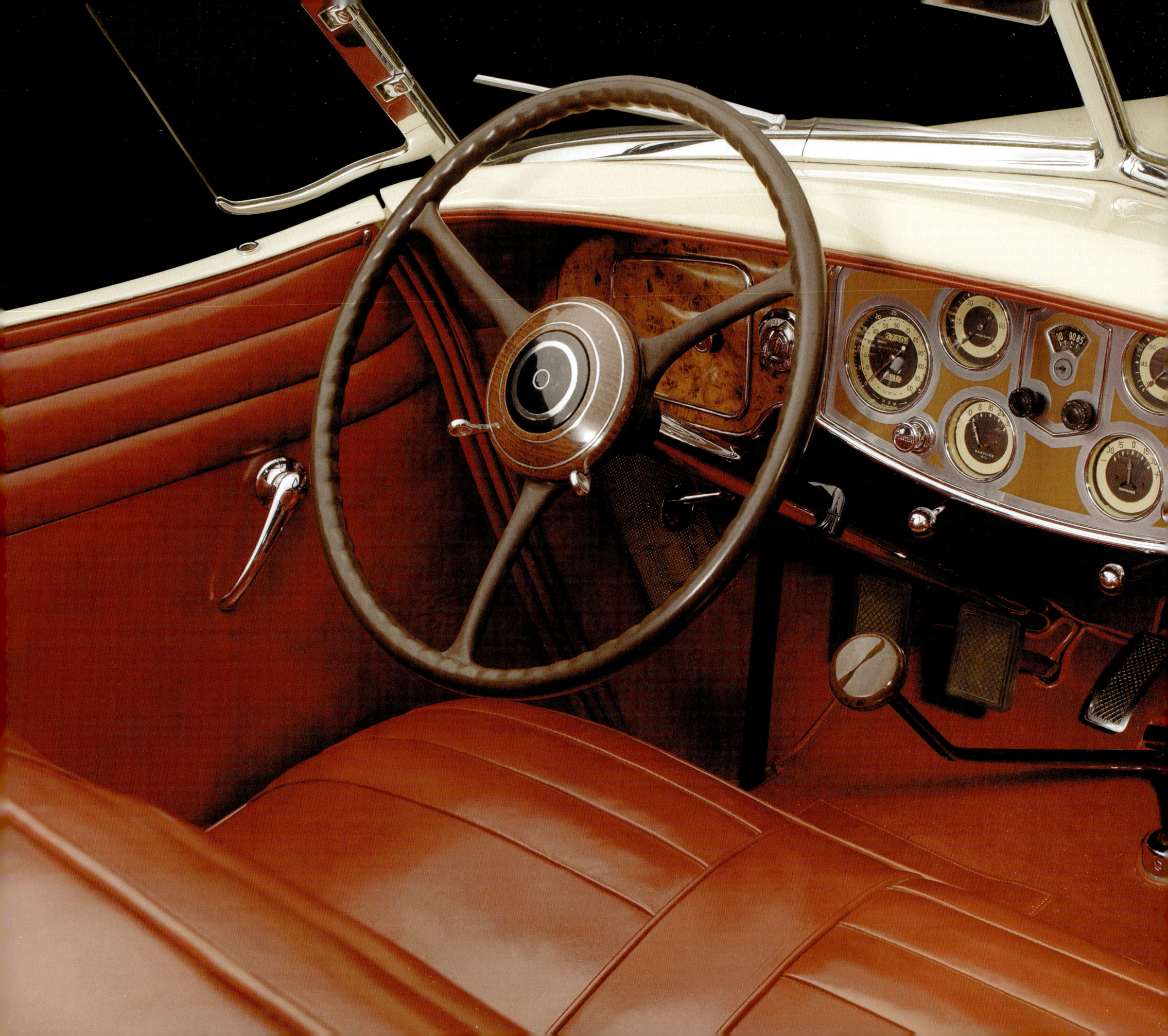

제원을 찾아서

엔진 형식 Engine
67도 V-12, 변형 L-헤드, 7.5리터

마력 Horse Power
3,200rpm에서 160bhp(제동마력)

토크 Torque
1,400rpm에서 322lbs-ft

제동 방식 Brake
진공 어시스터가 있는 케이블 작동 드럼

변속기 Transmission
3단 싱크로메시

축거 Wheel base
342cm/134 7/8인치

1935
Duesenberg JN Roadster

듀센버그 JN 로드스터

세상에 오직 4대 뿐, 컨버터블 쿠페 보디만 장착한...!

보통 일반인들은 부유층이나 유명인들에게 생각없이 편견을 가지기 쉽다. 하지만 자동차 애호가들은 그들의 자본으로 꿈에 그리던 자동차가 등장할 때면 불편한 감정들은 잠시 누그러지지 않을까.

배우 '클라크 게이블'의 듀센버그 JN 로드스터가 바로 그런 자동차이다. 이 차는 단 10대만 생산된 JN 중 하나로서, 그 중 컨버터블 쿠페 보디만 장착한 것은 단 4대 뿐이다.

보디는 갈퀴가 달린 앞 유리로 보디의 정중앙 부분에 속도감을 주면서, 화려한 모양의 펜더로 둘러싸여 있다. 그리고 '게이블'과 같은 톱스타에게 어울리는 부드러운 스타일의 크림색 페인트로 코팅처리 한다.

'게이블'이 이 차를 타고 아내 '캐롤 롬바르드'와 함께 교외를 드라이빙하는 모습을 상상해 보자. 실제로 게이블 부부는 종종 그렇게 즐겼다는 후문이다.

Bohman & Schwartz는 '게이블'의 지시에 따라 Rollston의 차체를 개조한다. 이러한 업그레이드에는 리어 펜더 스패트와 듀얼 리어 마운트 스페어 등이 포함되는데, 적어도 스타일 측면에서는 조금은 의문스러운 측면이 엿보이기도 한다.

JN은 1935년 다소 뒤쳐진 디자인을 개선하기 위해 출시된 모델 J에서 파생된 모델이다. 몇 가지 다른 스타일링 변경과 함께 차체는 프레임 레일 위에 세워져 외관이 더 낮아진다.

'듀센버그'는 항상 강력한 엔진을 탑재하고, 가벼운 로드스터 보디를 가진 JN은 다른 듀센버그에 장착된 슈퍼차저가 없음에도 불구하고 빠른 속도를 자랑한다.

이 자동차는 2007년 '페블비치 콩쿠르 델레강스'에서 특별상을 수상하며, '메도우 브룩과 아멜리아' 섬에서도 베스트 오브 쇼를 수상하기도 한다.

그리고 2012년 '구딩 앤 코' 경매에서 최고 인기 차량 중 하나였지만 페블비치 경매에서는 낙찰되지 못한 불운을 맞는다.

제원을 찾아서

엔진 형식 Engine
직렬형 8기통, 라이커밍 제조

파워 Power
265bhp(제동 마력)

밸브 트레인 Valve Train
DOHC, 실린더당 밸브 4개

바퀴 Wheel
63cm/17인치 직경

최고속도 Top Speed
190km/h

기준가 Base Price
20,000달러

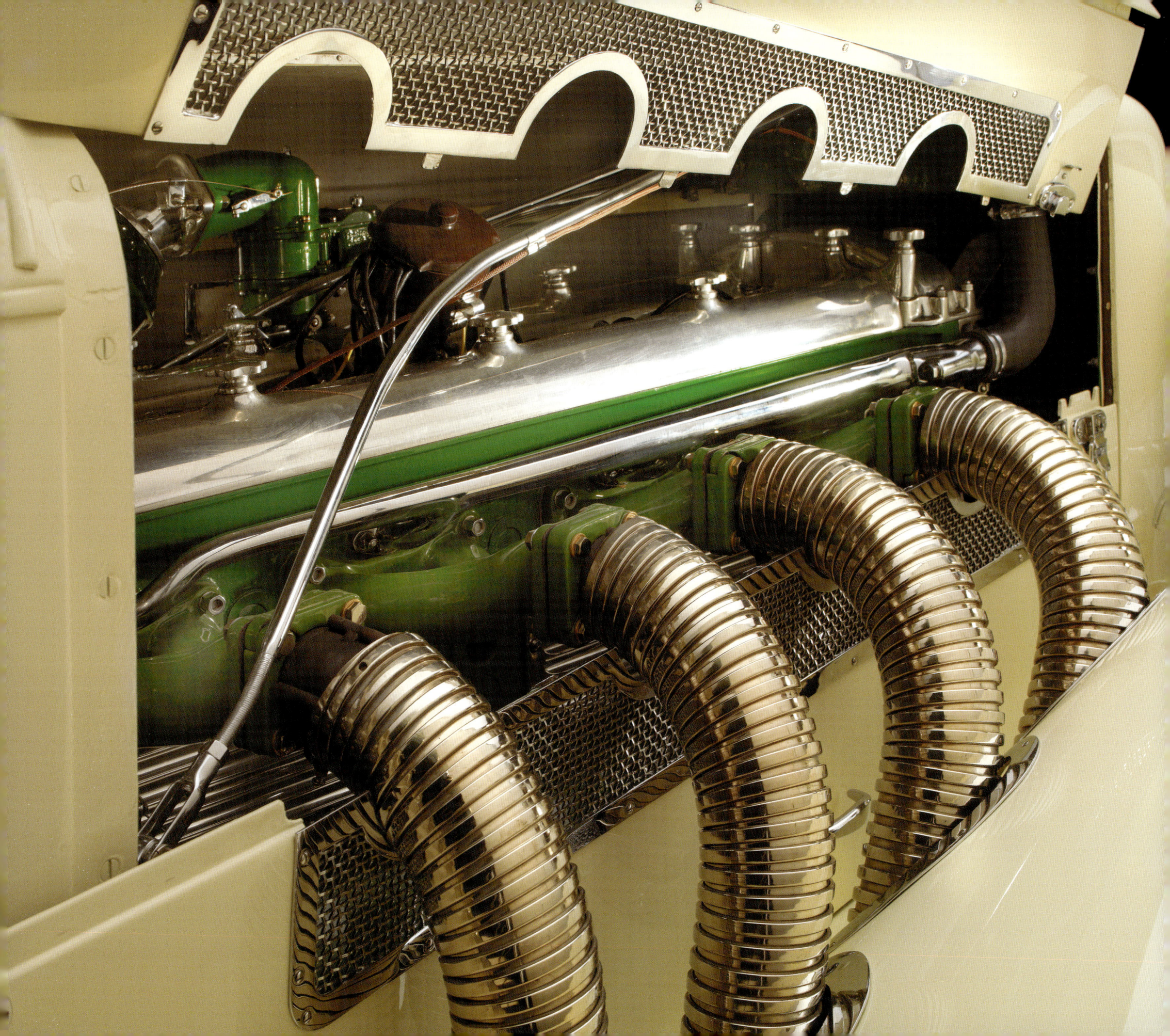

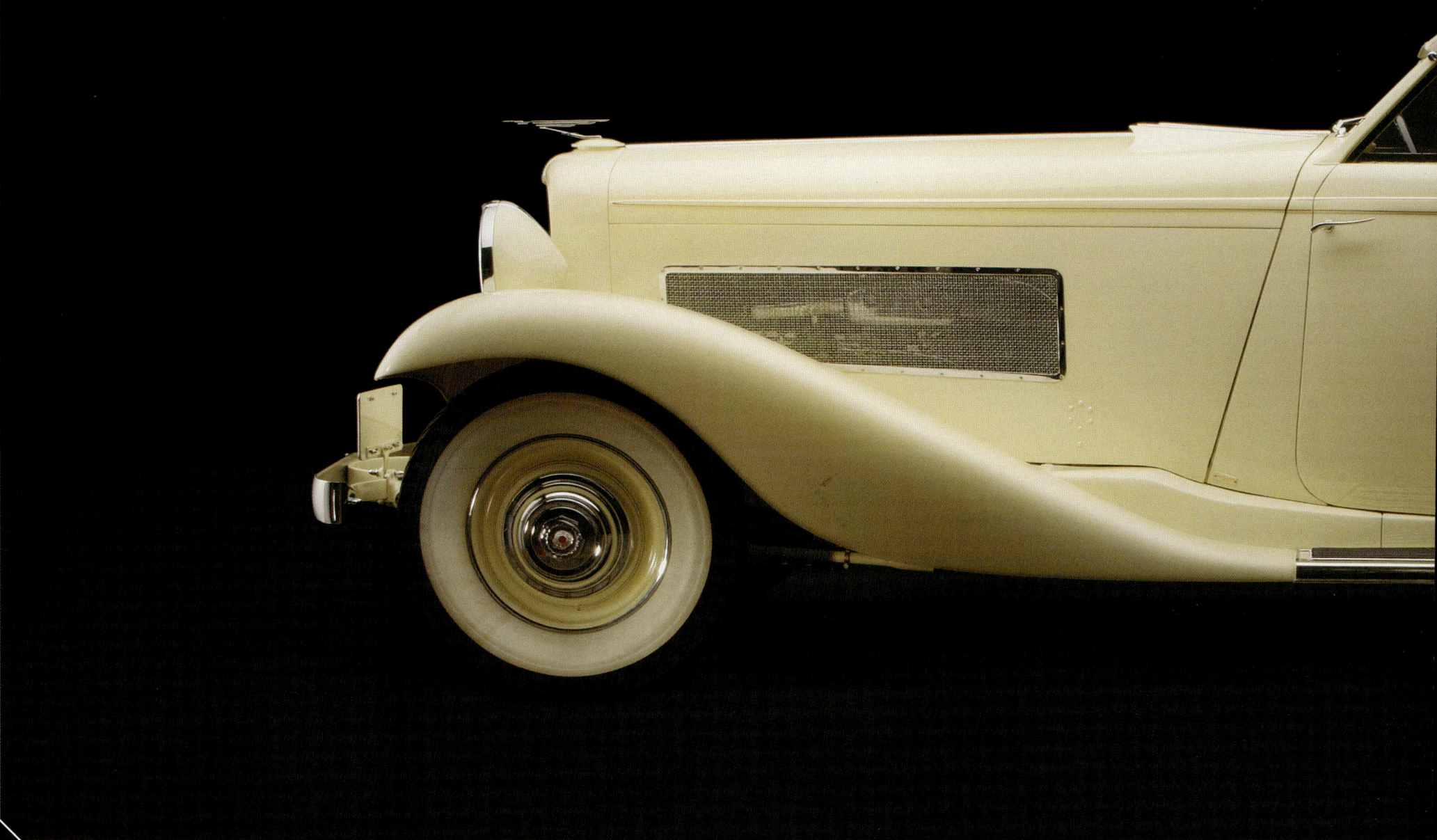

1936
Mercedes-Benz 540K Special Roadster

메르세데스-벤츠 540K 스페셜 로드스터

♦

이렇게 지상 최고 품격의 탈것을 보셨나요?

아름다움의 가치도 보는 사람의 시각에 따라 다르다고 하지만 이렇게 고품격의 자동차를 전면 부인할 수 있을까?

메르세데스-벤츠 540K 섀시는 2차 세계대전 전에 진화한 모델로서, 일부 평론가는 메르세데스-벤츠의 최고의 걸작이라고 말하는 사람도 있다.

540K는 1932년에 출시된 380K(3.8리터 배기량을 의미)에서 발전한다. 엔진의 크기는 커졌지만, 오버헤드 밸브 직렬 8기통 시스템은 그대로 유지하였다. K는 '콤프레서'의 머리 글자로서 슈퍼차저 엔진을 나타낸 것이다. Roots형 슈퍼차저는 풀 스로틀 상태에서만 작동하기 때문에 꼼꼼한 운전자는 필요할 때만 추가 출력(그리고 슈퍼차저에 수반되는 '윙윙'거리는 소리)을 사용할 수 있다. 540K는 후방에 코일 스프링 스윙 액슬을 사용하여, 사방 코너 모두에 독립적인 서스펜션을 적용하고 있다. 대형 유압식 드럼 브레이크는 당시에 또 다른 첨단 기능이라고 해도 손색은 없다. 2,268kg이 넘는 스포츠카는 아니지만 정교한 서스펜션과 강력한 엔진으로 장착되어 편안하고 안전한 차량이다.

이 차의 차별화는 보디에 있다. 540K 섀시에는 리무진부터 카브리올레, 쿠페에 이르기까지 다양한 보디가 장착되어 있다.

스페셜 로드스터 보디는 Hermann-Ahrens가 디자인했고, 제작은 메르세데스-벤츠의 사내 보디 제작자(Coachbuilder)인 Karosserie Sindelfingen이 장착하였다.

518.16cm 길이의 2인승(뒷좌석에 숨겨진 럼블 시트를 제외하면)은 놀라울 정도로 균형 잡힌 비율을 자랑한다. 직립형 삼각형 그릴은 길고 곧게 뻗은 후드와 분리된 앞유리로 이어지고 있다. 운전석 뒤에서 적정한 각도로 기울어지며, 도어 뒤에서 끝나는 리어 펜더와 합류하고 있다.

'스페셜 로드스터'는 특별 주문을 받아서 단 26대만 제작된다. 그 중 하나가 Prussian von Krieger 가문의 주문이었는데, 이 가문의 문장이 오늘날까지 차량의 운전석 도어를 장식하고 있다.

'헤닝 폰 크리거'가 첫 번째 주인이고, 그의 여동생 Gisela가 그 뒤를 이었다. '폰 크리거' 남작 부인은 2차 세계대전 전에 유럽 상류 사회의 지도층이라는 것, 따라서 '540K 스페셜 로드스터'의 유려한 라인과 수작업으로 마감했다는 것은 그녀가 특권층의 삶을 살았다는 것을 웅변하고 있다.

　'폰 크리거' 가족은 전쟁 중 나치를 피해 도망가야 하는데, 이 특별한 차를 두고 떠나지 않는다. 540K는 1942년 스위스로 보내져 안전하게 보관되었고, 전쟁이 끝난 후 남작 부인이 미국으로 이주하면서 배를 타고 건너와 코네티컷주 그리니치에서 보관한다. 말년에 '폰 크리거'는 유럽으로 돌아왔음에도 이 차는 여전히 창고에 보관되어 있다가 결국 상속인에게 넘어가 버리고 만다. 마침내 자동차가 모습을 드러냈을 때 재떨이에는 여전히 '지젤라'의 립스틱이 묻은 담배꽁초가 있었고, 좌석 아래에서는 그녀의 실크 장갑이 발견되었다는 것이다.

　복원된 이 차는 2004년 '페블비치 콩쿠르 델레강스'에서 전쟁 전 메르세데스-벤츠 클래스에서 우승한다. 2012년, 출고 당시의 검은색으로 다시 도색한 이 차량은 Gooding & Co.가 페블비치 행사에서 구매자 프리미엄을 포함해 1,177만 달러로 경매에 부쳐진 일도 있었다.

제원을 찾아서

엔진 형식 Engine
주철 모노블록(헤드와 블록 1개)

파워 Power
180bhp(제동 마력)

변속기 Transmission
4단, 자동 상단2단 기어

전장 Length
515cm/202.8인치

축거 Wheel base
329cm/1295인치

최고속도 Top Speed
184km/h

1937
Delahaya 135MS Roadster

델라하예 135MS 로드스터

◆

마치, 출격하려는 4륜 전투기가 활주로에...?!

이 자동차는 언뜻 보기에 '델라하예 쿠페(차대 번호 46756)'의 토플리스 버전에 불과해 보일 수 있다.

어떤 면에서는 '경쟁 모델인 델라하예 섀시'를 기반으로 제작하였고, Figoni & Falaschi가 스타일링과 보디를 담당했다는 점에서 더욱 그렇다. 이 차는 쿠페에서 작동했던 크롬 스타일링 장점을 많이 인용한다.

이 로드스터는 1937년 파리 오토살롱(1936년 쿠페가 데뷔)을 위해 제작되었고, '피고니와 팔라스키'가 이후 특허를 획득한 몇 가지 새로운 기능을 갖추고 있다.

여기에는 프런트 펜더 디자인, 차체 안으로 사라지는 크랭크 다운 윈드실드와 접이식 컨버터블 탑, 경쾌한 튜브형 구조의 시트가 포함되어 있어 레이스에 한층 적합하다.

중앙에 장착된 전면 헤드라이트, 프랑스 명품 공급업체인 Hermès가 제공한 붉은색 가죽 실내 장식과 카펫도 눈에 띄는 특징이다.

차대 번호 46756과 마찬가지로 이 로드스터는 꽤 오랜 역사를 가지고 있다. 처음에 프랑스 주재 브라질 대사가 구입했던 이 차는 중앙 헤드라이트를 제거하고 범퍼를 추가하기 위해 F&F에 반납한다.

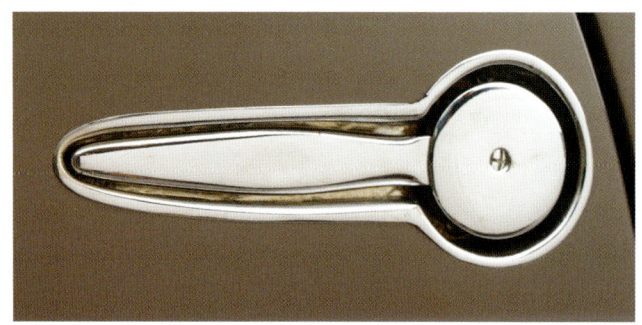

　제2차 세계대전이 발발한 후 이 자동차는 어느 프랑스인 손에 들어가게 되는데, 그는 이 차를 숨기는데 실패했지만, 다행히 아름다운 로드스터의 운명은 끝이 아니었다.

　한 이탈리아 장교가 이 차를 이탈리아로 가져가면서, 1947년 세상에 모습을 드러내는데, 다행히 '피고니'의 작업장으로 돌아와 복원하기에 이른다.

　이 차는 프랑스에서 두 명의 소유주를 거쳐 파란색으로 도색된 다음, 2001년 플로리다주 네이플스의 현 소유주인 '마일스 콜리어'에게 넘어온다.

　당시 이 차는 주행 거리가 3,107km도 채 되지 않았지만, 연식이 오래되어 기계적인 정비와 재도색이 필요했었다.

　현재는 '콜리어 컬렉션'에 전시되어 있다.

제원을 찾아서

차대번호 Chassis Number
#48563

엔진 형식 Engine
주철 직렬형 6기통, 실린더당 OHV 2개

파워 Power
120bhp에서 4,200rpm

기화기 Carburetion
솔렉스 3대 40S

변속기 Transmission
4단 수동

축거 Wheel base
279cm/106.3인치

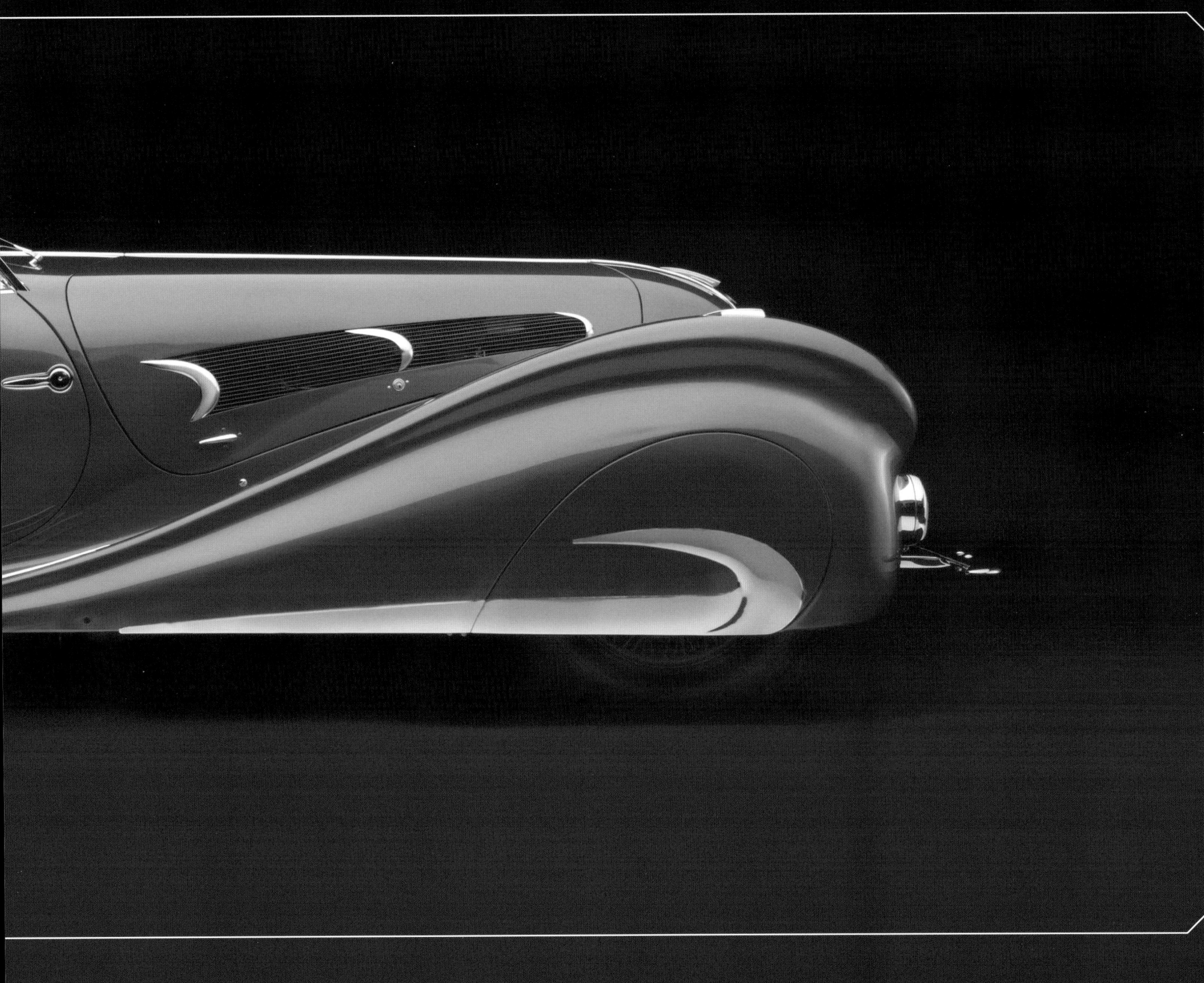

1939
Delage D8-120S Cabriolet

들라주 D8-120S 카브리올레

독특한 도어가 이 차의 매력을 더하다!

    자동차 도어가 특이하게 여닫는 방식이면 누구라도 눈길을 끌게 마련이다.

    때로는 이러한 매력이 차량 자체의 매력과는 전혀 어울리지 않는 경우도 있다(브릭린 SV-1). 하지만 멋진 '들라주 카브리올레'와 특허를 받은 독특한 도어는 그렇지 않다.

    D5-120S는 팬터그래프 메커니즘을 사용하여, 도어 패널을 보디에서 길게 확장하는 특별한 도어를 장착한 몇 안 되는 '소치크 보디 들라주' 중 하나다. 도어가 열리면 보디 측면과 평행하게 움직이면서 약간 뒤쪽으로 이동하여 앞좌석 입구가 완전히 막히지 않는 형식이다.

    프랑스 자동차 전문가 Richard Adatto에 따르면 일반적으로 이 차는 도어를 제외하고는 화려한 소치크 보디보다 훨씬 더 차분한 느낌을 준다고 한다.

    이 특정 차량은 약 56대의 들라주 D5-120S 차량 중 마지막으로 제작된 차량으로서, S는 1936년에 도입된 120 섀시보다 더 낮고 스포티한 섀시를 보여준다.

    이 차는 프랑스 정부로부터 의뢰를 받아 1939년 파리 오토살롱에 전시되었고, 불행이라면 그해 9월에 시작된 독일과의 전쟁을 앞두고 전시가 취소되었다는 안타까운 사연을 품고 있다.

    이 차는 독일 침공 전에 숨겨져 있다가 전쟁이 끝난 후 다시 등장하여 퍼레이드 및 기타 공식 행사에 투입되기도 한다.

　그 후 1949년 여행용 트레일러 제조업체가 인수하면서, 트레일러를 개조하여 유럽 전역의 배경으로 촬영한다. 이후에 본래의 구조대로 복원하고, 결국 2011년 펜실베이니아 박물관을 위해 John W. Rich에게 넘긴다.

　2012년 페블비치 콩쿠르 델레강스에서 'Elegance in Motion Trophy'와 가장 우아한 컨버터블 상을 수상한 이력을 남긴다.

제원을 찾아서

차대번호 Chassis Number
#51976

엔진 형식 Engine
8기통, 4.7리터

파워 Power
120bhp에서 4,200rpm

토크 Torque
2,000rpm에서 181lbs-ft

변속기 Transmission
코탈 프레셀렉터 4단 수동

축거 Wheel base
330cm/130인치

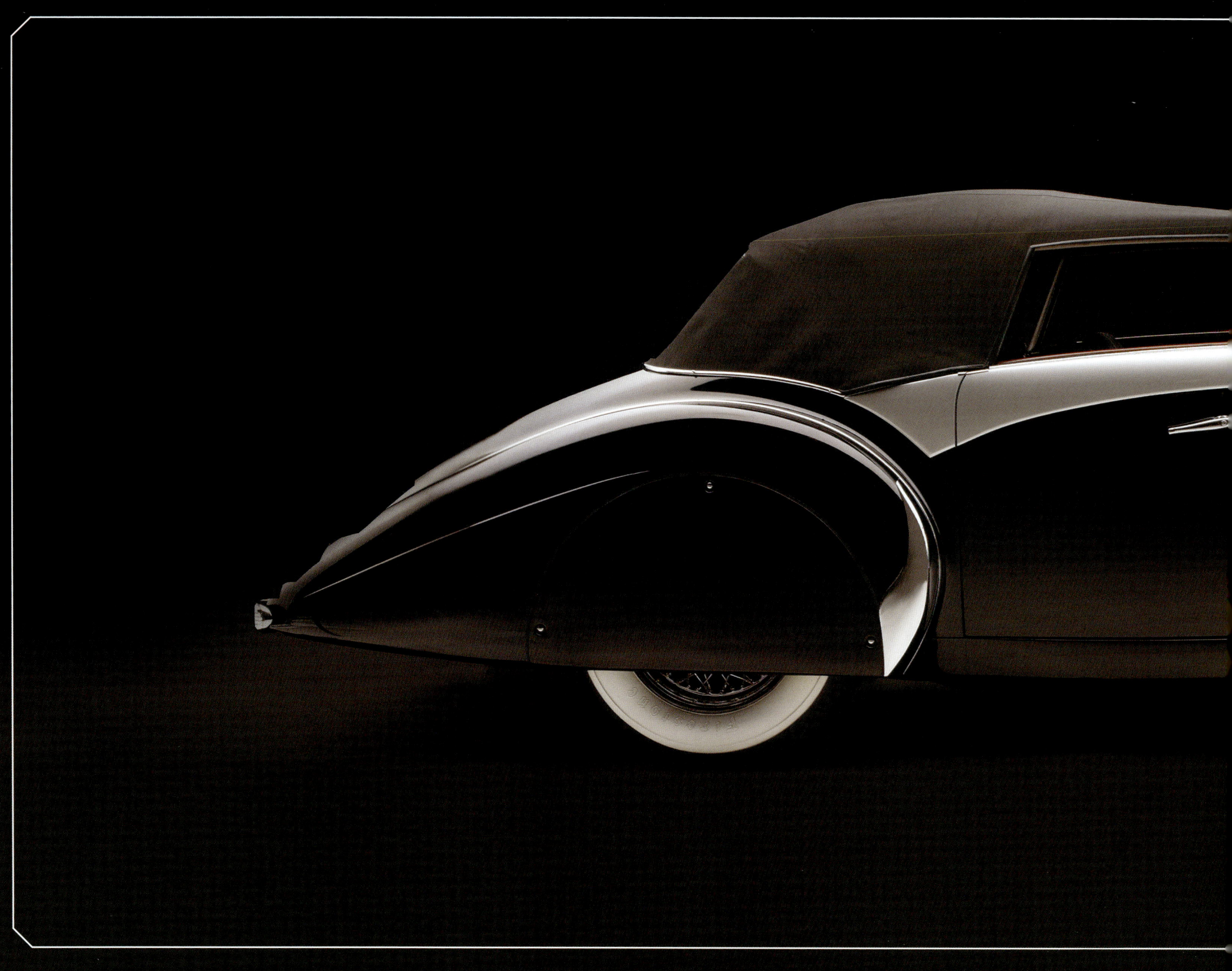

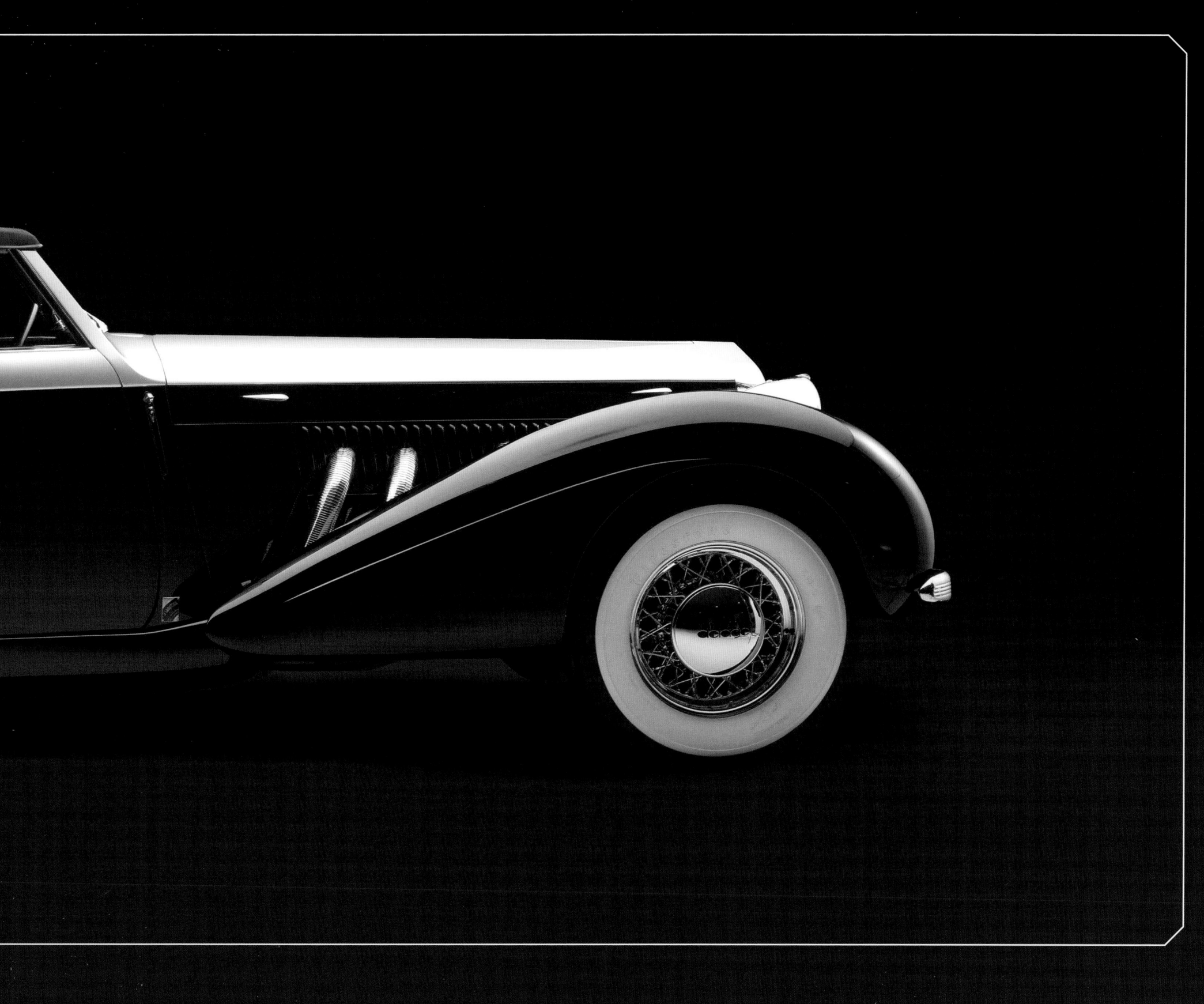

Section III
Coupe
쿠페

2도어 & 스포티 & 스피드 파워의 상징

솔직히 말하자면 2도어 자동차는 날렵하고 아주 멋져 보이지만 실용면에서는 함량 미달이다. 청장년 시대라면 한때 즐겨 탈 수 있겠으나 한마디로 4도어 자동차가 실생활에 훨씬 유용하다고 본다.

두 번째 진실은 척 보기에는 2도어 자동차가 4도어 자동차보다 한층 멋스럽고 보기에 좋아서 그나마 제작되어 온 이유라고나 할까. 아울러 2도어는 자동차의 스타일, 우아함, 파워를 표현하는 데 훨씬 더 매력이 있는 것은 사실이다.

1936년형 Delahaye 135M을 보고 4도어처럼 멋진 자동차를 만들 수 있다고 상상해 보자. 1933년형 Cadillac Aerodynamic Coupe를 보면 문이 두 개밖에 없는대도 불구하고, 이 차의 고객들은 "실용성을 논할 필요가 없다"고 당당히 외치는 것만 같다.

이 섹션의 2도어 자동차는 20세기 초에 유행했던 Coachbuilder(고객이 자동차를 특별 주문할 경우 다른 회사의 엔진이나 섀시를 기본으로 한 채 새로운 설계와 제작하는 행위)의 관행을 보여준다. 차체를 제조(Carrosseri)하거나 코치빌더가 제작한 자동차는 가장 화려하고 독특한 자동차 중 하나이며, 다음 페이지에서 이러한 자동차 중 일부를 자세히 볼 수 있다.

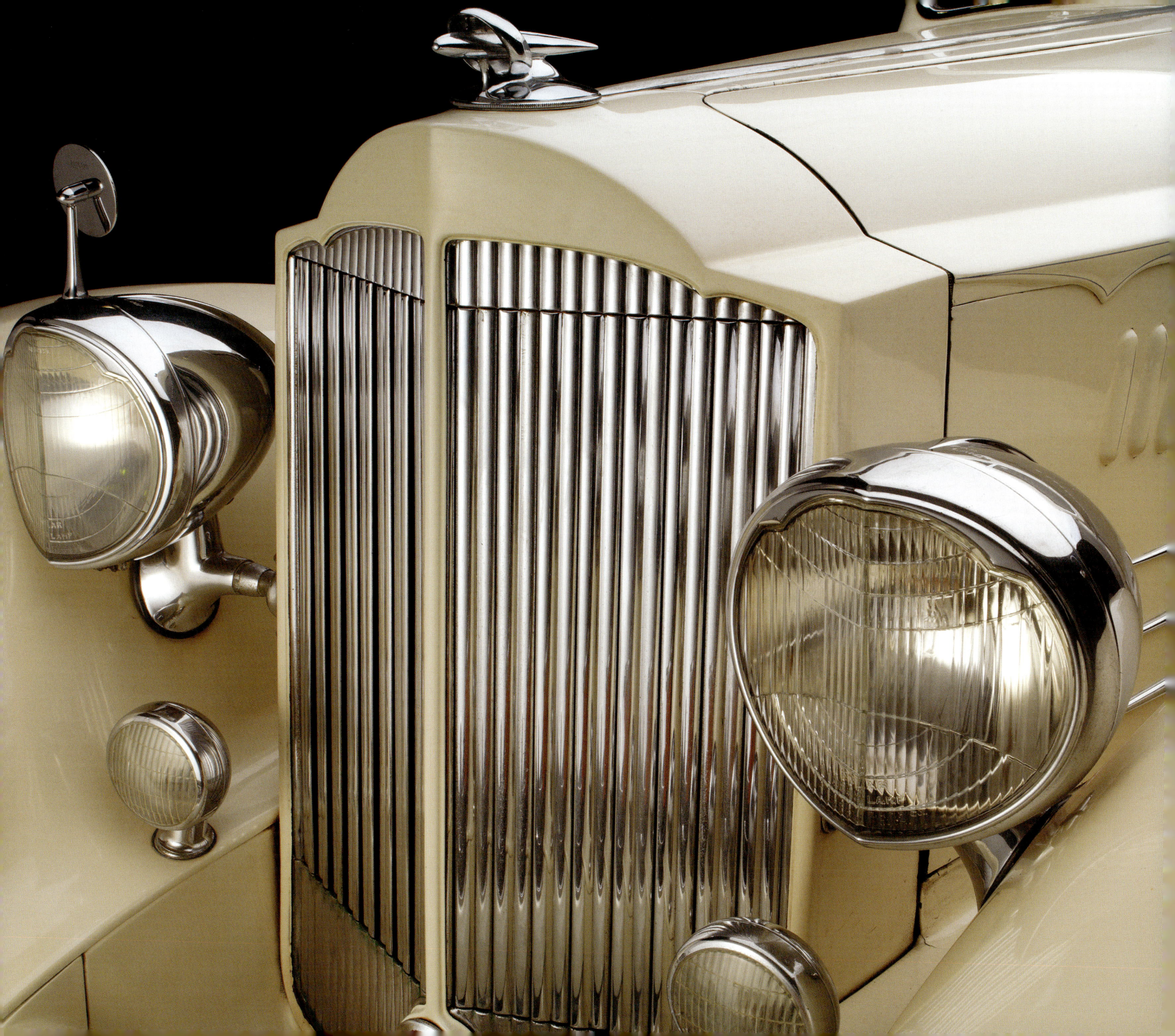

1930
Bentley Speed Six
Blue Train Special

벤틀리 스피드 식스 블루 트레인 스페셜

아직도 벤트리는 지존본색!!

벤틀리는 최고 성능의 자동차 제조업체로서 짧고 화려한 전성기를 누렸지만, 오늘날에도 벤틀리 브랜드의 품격과 매력을 이어가고 있는 이유가 있다. 이 영광의 시기는 1919년 최초의 벤틀리 자동차가 생산된 이후부터 1931년 법정관리로 들어간 이후부터 Rolls Royce가 자산을 인수할 때까지 무려 10년 남짓 지속하게 되었다. 그 기간 동안에 벤틀리의 강인하고 안정적인 머신은 세계 유명 자동차 경주대회 LE MANS 24h에서 5번이나 우승을 차지하는 기염을 토하기도 하였다.

창립자인 Walter Owen과 Henry Bentley 외에도 남아프리카의 광산업의 백만장자 Joel Woolf Barnato는 신생 자동차 회사에 필요한 현금을 제공하게 되어, 벤틀리의 가장 중요한 인물 중 한 명이 되었다. '바나토'는 1928년부터 1930년까지 '르망 24시'에서 세 번의 우승을 차지하는 등 드라이빙 테크닉을 입증하기도 했었다.

물론 '바나토'는 자신과 벤틀리에 대한 우월감은 남달랐다. 1930년 3월, 프랑스 칸에서 열린 파티에서 '바나토'는 자신의 Speed Six가 Cannes와 Calais를 오가는 유명한 Blue Train 특급보다 더 빠르게 런던의 클럽에 도착할 수 있다고 자랑하면서 100파운드 상금이 걸린 경기에 도전장을 내밀었다.

　다음 날 오후, 바나토와 그의 친구 Dale Bourne은 '블루 트레인'이 칸역을 출발한다. 폭풍우, 타이어 펑크, 어둡고 낯선 프랑스 도로, 심지어 해협을 건너 페리를 타야 하는 등의 악조건에도 불구하고, '바나토'와 본은 런던의 컨서버티브 클럽에 다음 날 오후 3시 30분까지 도착했는데, '블루 트레인'은 칼레에 정확히 4분 뒤에 도착한 것이다.

　문제는 일반적으로 이 자동차가 실제로 '블루 트레인'을 이긴 것으로 여기지 않는다는 것이다. 오히려 이 차는 경기 두 달이 지난 뒤 '바나토'에게 전달되었고, 바나토는 최근 크로스컨트리 우승을 기념하기 위해 이 차를 'The Blue Train Special'이라고 불렀다고 믿는 사람들이 많다는 것이다(바나토의 딸은 경기 당시에 실제로 운전한 자동차라고 주장하기도 했었다).

　아무튼 이 커스텀 보디 '스피드 식스 벤틀리'는 고객의 호평을 받을 만한 가치가 있다. 차체는 J. Gurney-Nutting & Co.가 정말 놀라울 정도로 제작했다. 총구 높이의 창문(개별적으로 설치한 가리개로 가려짐)과 경사진 패스트백 루프 라인, 블랙 와이어 휠, 짙은 녹색 페인트는 당시에 Capone와 Dillinger 같은 갱스터들이 타고 다

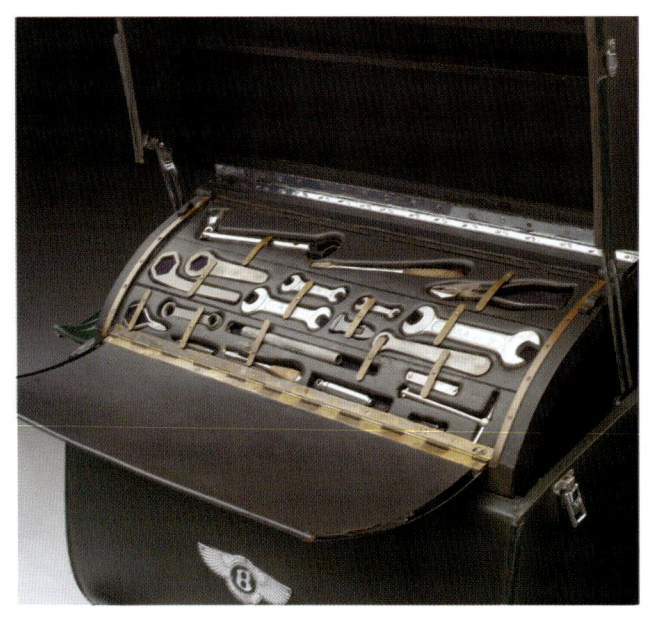

닌 자동차를 제외하고 흔히 볼 수 없는 고압적인 분위기를 자아낸다.

공격적인 테마는 180Hp 이상의 출력을 내는 6.5ℓ 직렬 6기통 엔진이 장착된 긴 후드에서도 이어진다. 후드 측면을 강조하는 수많은 루버와 낮은 프레임 커버를 따라 양쪽 측면과 차체 아래, 피크와 플레어 펜더 사이를 따라 연결한다. 측면에서 볼 때 전장이 길어지고 경사진 루프 라인이 뒤쪽으로 이어지는 버슬백 룩은 조수석 뒤의 공구함과 트렁크를 만들어 낸다. 내부에는 가죽으로 장식된 3개의 버킷 시트가 있는데, 그 중 하나는 두 개의 앞좌석 뒤에 옆으로 배치되어 있고 칵테일 캐비닛이 근처에 있다.

오늘날 이 차는 거의 대중 앞에 모습을 드러내지 않고 있다. 공개될 때는 워싱턴 주 시애틀의 브루스와 Jolene McCaw 부부가 소유한 Mulliner 차체의 벤틀리와 함께 등장하는데, 두 차 모두 실제로 '블루 트레인'을 경주했을 가능성이 높다.

제원을 찾아서

밸브 트레인 Valve Train
4개의 밸브와 실린더, SOHC

기화기 Carburetion
2SUHVG5

압축비 Compression Ratio
5.3 : 1

기어 박스 Gear Box
4단 수동

중량 Weight
2,195kg/4,840lbs

축거 Wheel base
357cm/140.5인치

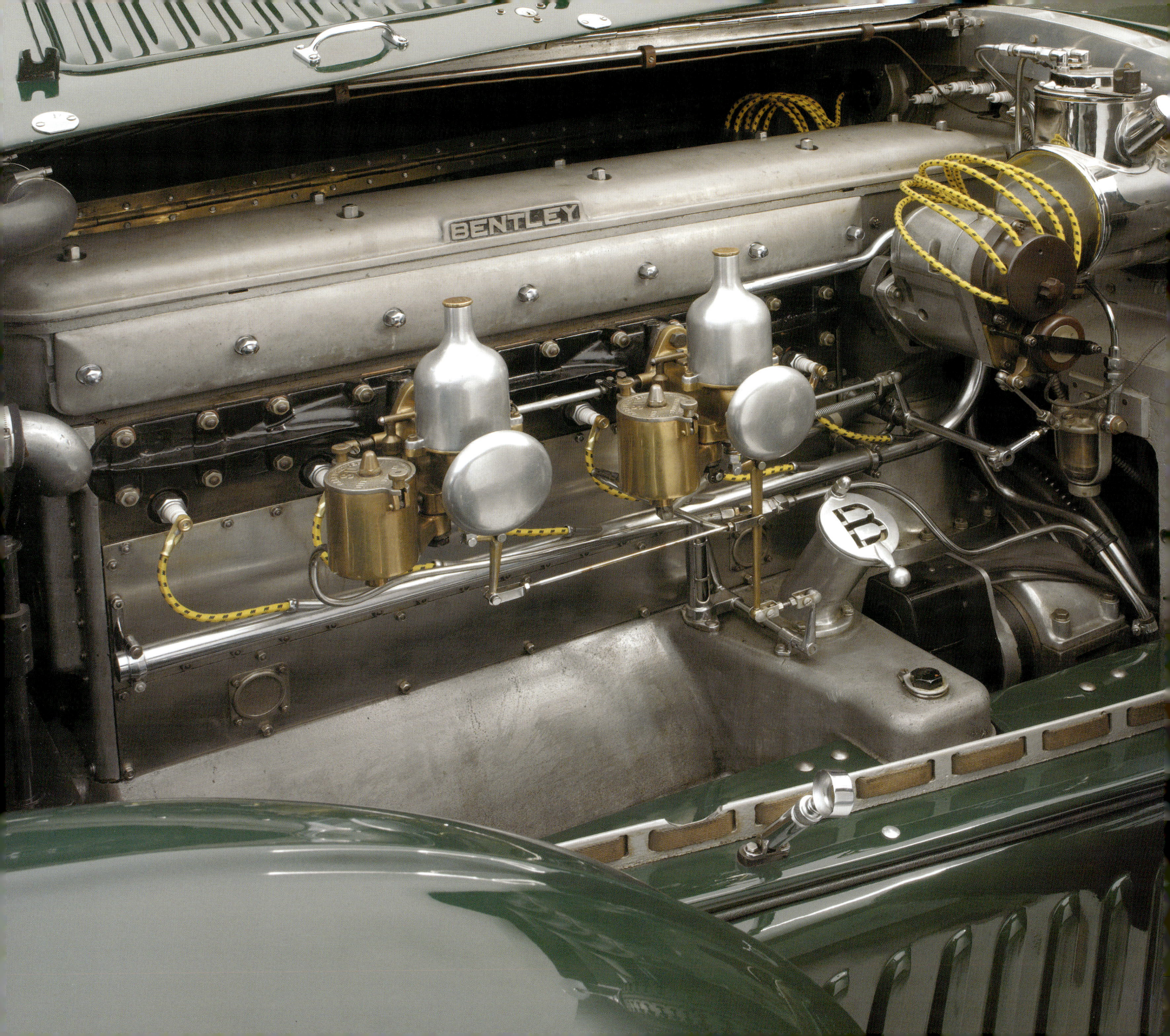

1933
Cadillac Fleetwood V-16 Aero-Dynamic Coupe

캐딜락 플릿우드 V-16 에어로 다이내믹 쿠페

기적의 16기통, 울트라 심장의 탄생 설화

16기통!

이런 엔진은 오늘날에도 고급 차량에만 설치하는데, 1930년에 캐딜락이 V-16을 세상에 내놓았다니 얼마나 대단한가!

1930년부터 1940년까지 생산된 이 거대한 7.4L 엔진의 존재가 대공황과 맞닥뜨렸다는 것은 안타까울 뿐이지만 당시에 "세계의 표준"이라고 불렸던 캐딜락 브랜드의 강점은 바로 이러한 저력이 깔려 있었다는 것이다.

캐딜락 V-16은 승용차용으로 제공된 최초의 엔진이었다. 이 엔진은 유압식 래시 조절기가 있는 오버헤드 밸브와 트윈 카뷰레터가 특징이면서, 160Hp과 더 많은 토크를 제공하였다.

'캐딜락 플릿우드 V-16' 에어로 다이내믹 쿠페(당시 플릿우드는 단순한 모델명이 아니라 캐딜락의 코치빌더)는 최초의 캐딜락 전시회였다. 1933년 진보적인 시카고 세기 박람회를 위해 전설적인 GM 디자이너 Harley Earl의 지침으로 제작되어 제너럴 모터스 전시회를 빛냈었다. 캐딜락 양산차 중 가장 긴 154인치 휠베이스로 쿠페치고는 상당히 큰 차체 크기를 자랑하고 있다.

요즘 기준으로 볼 때 특별히 미끄러워 보이지는 않지만, 에어로 다이나믹은 1940년대에 일반화될 패스트백 스타일을 도입했다. 또한 쿠페의 디자이너들은 스페어 타이어를 트렁크 내부로 옮겼는데, 당시에는 스페어 타이어가 차체 외부에 장착되던 시대이고 보면 이례적인 일이었다. 또 다른 독특한 미적 요소는 리어 범퍼 아래에 위치한 Twin Fishtail 스타일의 배기구로, V-16의 배기음을 더욱 돋보이게 하는 모양을 하고 있다.

V-16 엔진 자체는 육중한 몸체를 감싸는 숨겨진 전선과 도금된 연료 라인, 그리고 방화벽으로 배선과 배관을 감추는 등 매력적이게 보이도록 제작되었다. 당시 작가들은 이 놀라운 엔진의 유연성 덕분에 톱 기어로 시속 2마일로 공회전하다가, 스로틀을 살짝만 조작하면 조용히 고속으로 치고 나갈 수 있었다고 말한다.

세계 박람회가 끝난 후 에어로 다이나믹은 판매용으로 제공되었다. 1937년까지 제작된 20대의 차체 중 단 8대만이 V-16을 장착한 것으로 알려져 있어 매우 희귀한 차량에 속한다.

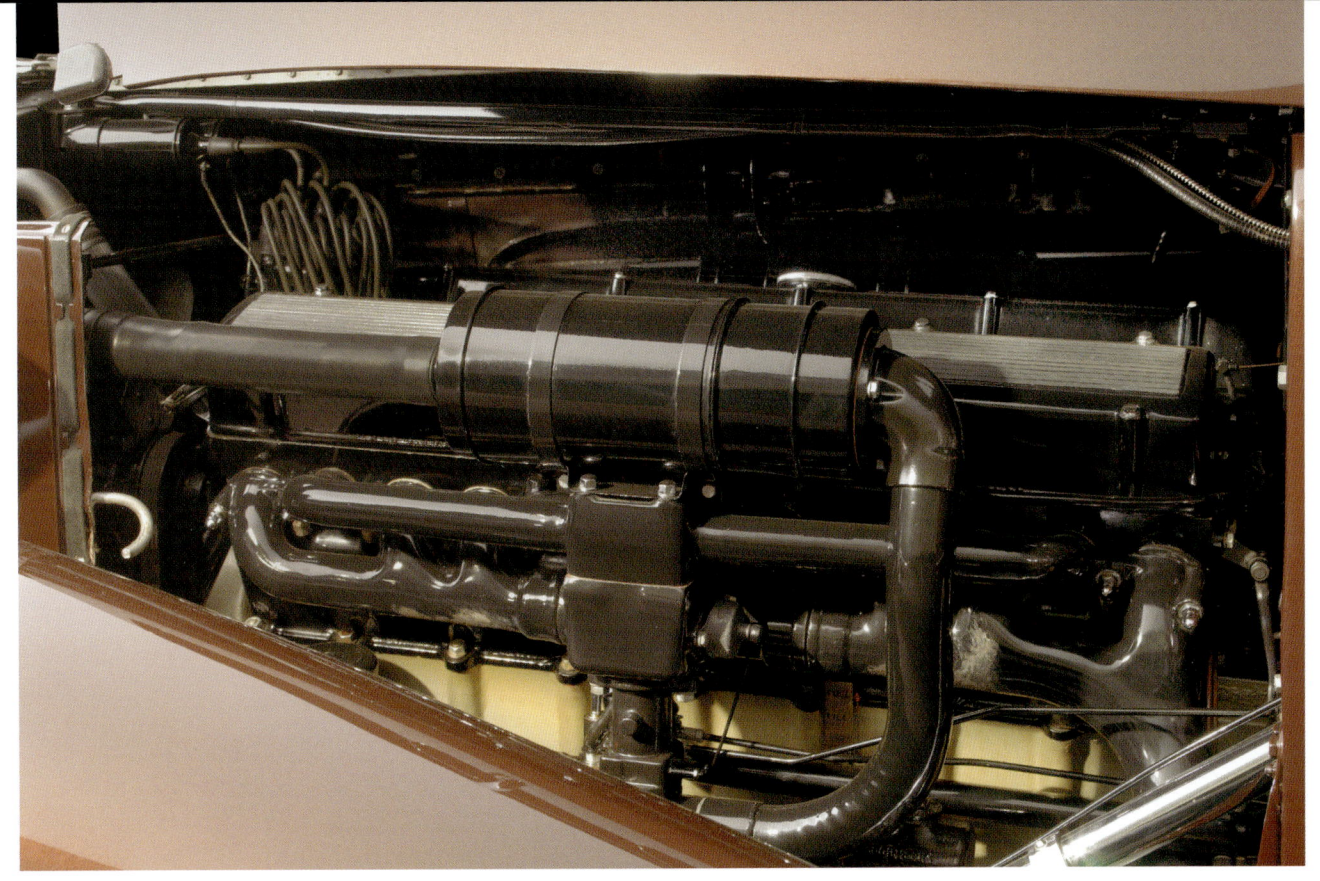

제원을 찾아서

엔진 형식 Engine
45도 V-16

변속기 Transmission
3단 수동 선택적 싱크로메시

엔진 무게 Engine Weight
408kg/900lbs

중량 Weight
2,721kg/6,000lbs

탑승 정원/Interior
5인승

판매가 Price
8,100달러

1934
Packard Model 1106 V-12 Sport Coupe

패커드 모델 1106 V-12 스포츠 쿠페

유럽 디자이너들까지 훔쳐본 독특한 스타일링

Packard의 모델 1106 섀시를 기반으로 제작된 자동차는 역대 최고의 아름다운 '패커드'로 꼽히지만, 자동차 메이커 입장에서 보면 '패커드'의 다른 차종과는 다소 상충되는 면이 없지 않다.

물론 패커드는 고품질이자 견고한 자동차를 만들었지만, 일반적으로 앞선 패션 디자인과 예술적 미학은 포함하지 않았다. 하지만 이 책에서 소개한 '스포츠 쿠페'와 Le Baron이 제작한 '런어바웃 스피드스터' 차체를 탑재한 모델 1106이 등장하면서 상황은 완연히 달라졌다. '패커드'는 스타일 면에서도 세계 최고의 자동차를 만들 수 있다는 것을 입증하기 위해 이 차들을 제작한 것이다.

몇 가지 스타일링 특징은 '스포츠 쿠페'를 독특하게 만들었고, 심지어 유럽 제조업체와 디자이너들에게 큰 영향을 끼쳤다. 후드와 카울에는 몇 가지 교묘한 시각적 효과를 적용하였는데, 이 차의 디자이너 중 한 명인 Alexis de Sakhnoffsky가 "거짓말"이라고 묘사한 이 후드는 차량 앞면의 길이를 늘리고 뒤로 이어지는 분할 앞유리창이 초기 패커드 전시회를 연상시킨다. 리어 쿼터 윈도우는 차체가 뒤쪽으로 감싸면서 한 지점으로 점점 가늘어지고, 분할된 리어 윈도우는 삼각형으로 가늘어지는 것을 반복한다.

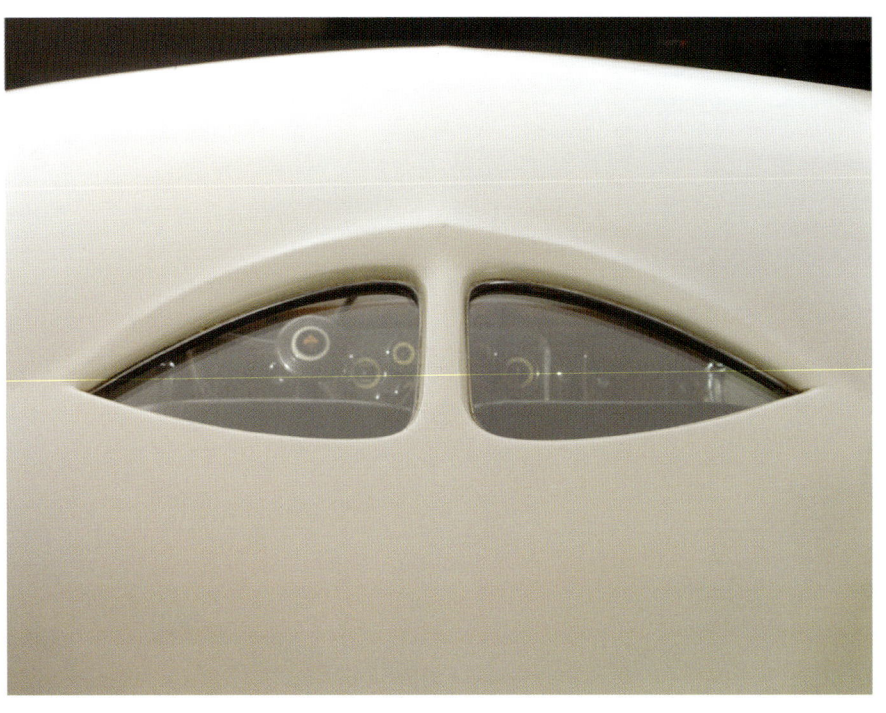

뾰족한 어뢰 모양의 펜더는 52 7/8cm의 비교적 짧고 스포티한 지향적인 휠베이스에도 불구하고, 길고 우아한 외관을 연출하는 데 도움을 주는 또 다른 특징이다.

완만하게 경사진 루프 라인과 날렵한 풀 스커트 리어 펜더를 갖춘 '스포츠 쿠페'는 1930년대에 유행했던 유선형 요소를 성공적으로 통합하였다. 후드 아래에 강력한 V-12 엔진이 탑재된 패커드 '스포츠 쿠페'는 열차처럼 힘차게 질주하였다.

V-12는 당시 유행하던 직렬 8기통 디자인보다 전장이 짧으면서도 더 많은 출력을 낼 수 있었다. 7리터 이상의 배기량으로 '스포츠 쿠페'의 운전자는 스타일뿐만 아니라 속도까지 확보할 수 있었다.

제원을 찾아서

엔진 형식 Engine
67도 V-12, 변형 L-헤드, 7.3리터

마력 Horse Power
3,200rpm에서 160bhp(제동마력)

토크 Torque
1,400rpm에서 322bs-ft

제동 방식 Brake
진공 어시스터가 있는 케이블 작동 드럼

변속기 Transmission
3단 싱크로메시

중량 Weight
2,494kg/5,500lbs

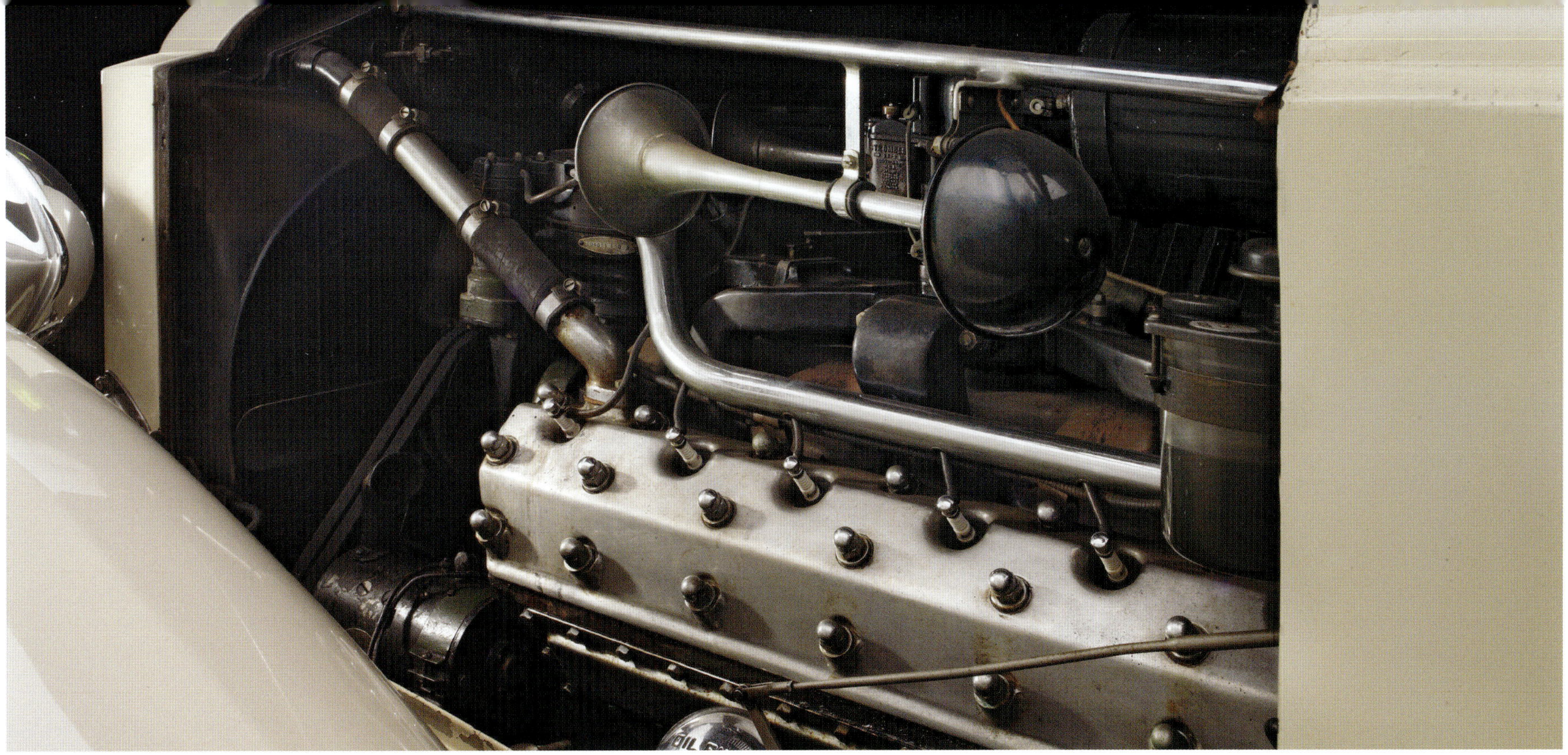

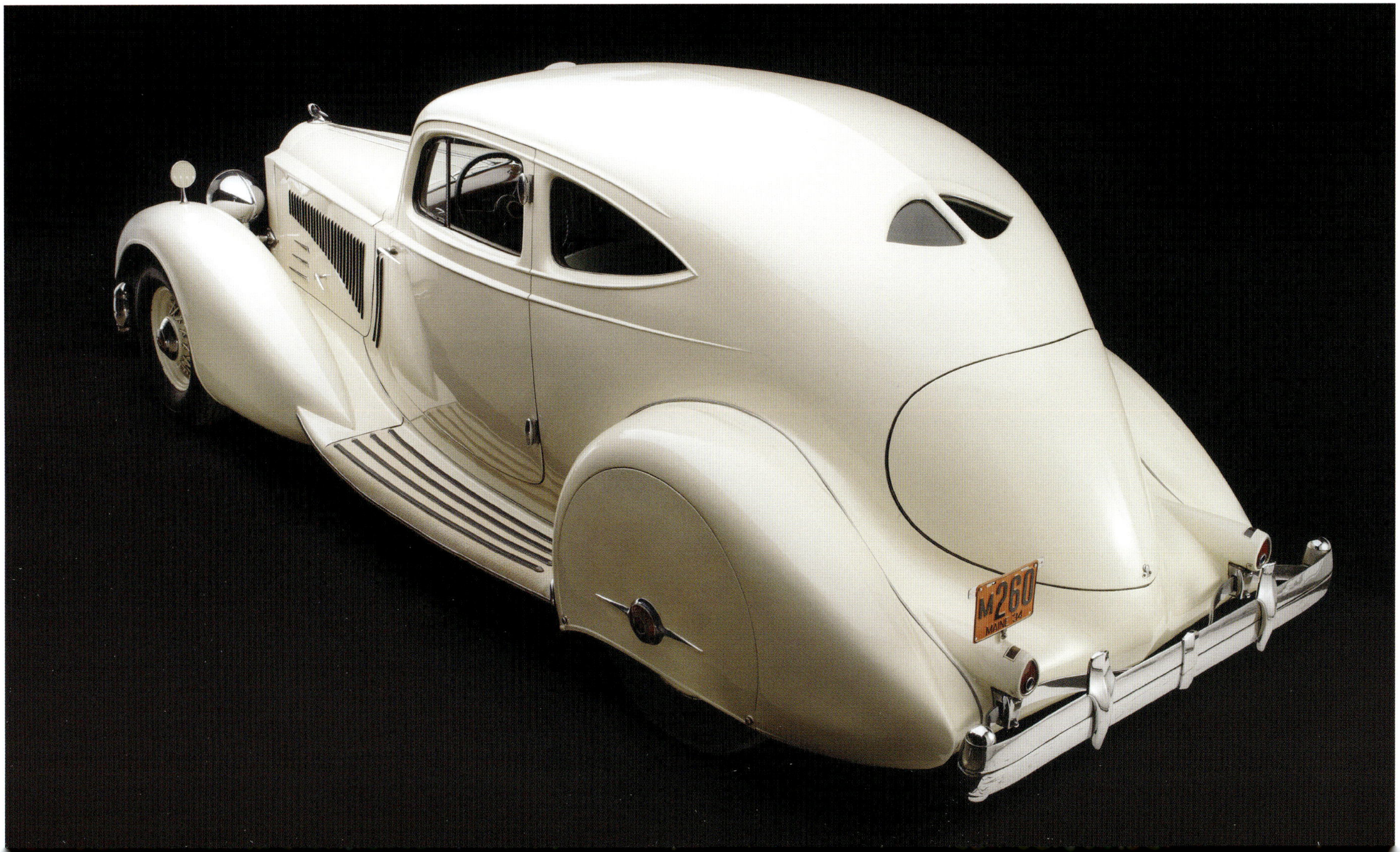
M260

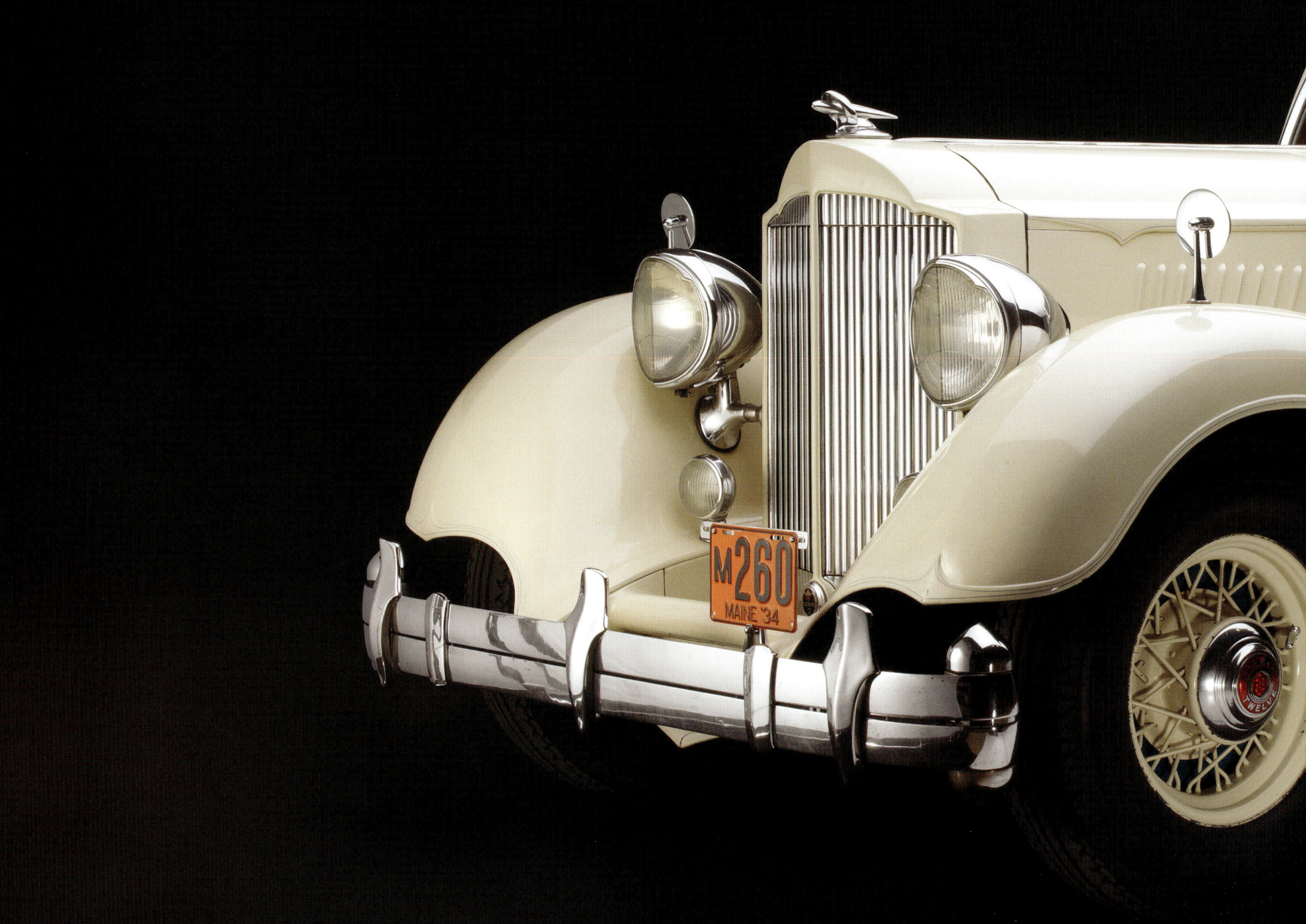

1935
Chrysler Imperial Model C2 Airflow Coupe

크라이슬러 임페리얼 모델 C2 에어플로 쿠페

최초로 진동, 핸들링, 승차감을 혁신하다!

'크라이슬러 에어플로'는 시대를 앞서 나갔기 때문에 실패한 소비자 제품 중 하나의 사례이다. 실제로 오늘날 자동차 회사는 새로운 모델을 개발할 때 공기역학 및 안전 문제를 적용시키는 동시에 자동차 섀시도 일체형 차체를 선택·제작한다.

'에어플로'는 다른 자동차 회사보다 먼저 모든 작업을 수행하였으므로 현대적인 자동차 제작사의 시초라고 할 수 있겠다. 그러나 에어플로의 처참한 시장 진입 실패는 자동차 제조업체들의 엔지니어들이 판매와 마케팅에 대한 고민을 함부로 해서는 안 되는 이유의 경고로 볼 수 있다.

'크라이슬러'는 자동차 출시 당시 엔지니어링 중심의 회사였다. 에어플로는 사다리형 섀시 위에 탑승시키지 않고, 승객을 차축 사이 중앙에 위치하게 하였으므로 최초의 'ride-inside' 자동차라고 불렀다. 이로 인해 승객들은 진동을 훨씬 덜 받게 된 것이다.

자동차의 일체형 구조는 차체가 기존 자동차보다 훨씬 더 단단하다는 것을 의미한다. 다소 직관적이지 않게 노면의 요철이 차체를 통해 승객에게 전달되지 않고, 서스펜션에 의해 처리되기 때문에 승차감과 핸들링에도 도움이 되었다.

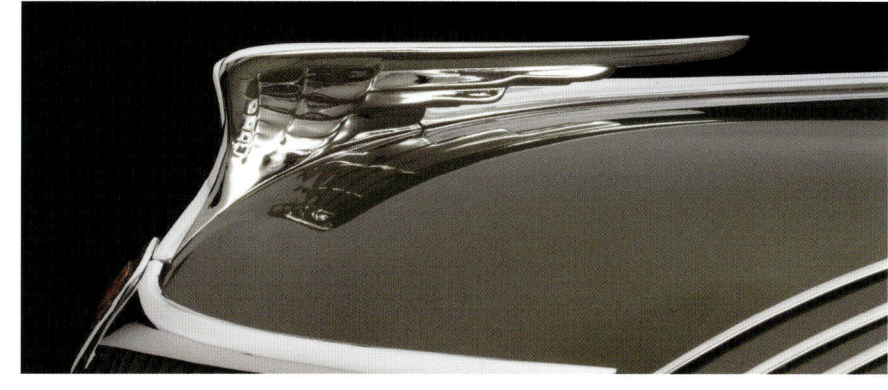

제원을 찾아서

엔진 형식 Engine
5.3리터 직렬형 8기통

파워 Power
117bhp

최고속도 Top Speed
144km/h

변속기 Transmission
3단 수동

축거 Wheel base
287cm/112.8인치

중량 Weight
1,678kg/3,700lbs

    안타깝게도 전시장에서의 실패로 인해 이 차의 엔지니어링 혁신(오버행을 최소화하고 공기역학적으로 효율적인 스타일링으로 차량 모서리에 바퀴를 배치하는 등)은 한동안 업계 전반에서 채택되지 못했었다.

    1934년에 출시된 '크라이슬러'와 Desoto 모델은 첫해에 더 많은 사전 주문에도 불구하고 약 25,000대만 판매되었다. 폭포수 모양의 그릴과 짧은 후드, 기존의 펜더가 없는 이 차는 평범한 자동차가 아니었고, 구매자들에게는 너무 먼 미래의 자동차라는 인식이 강했다. 1935년, 자문 디자이너 Norman B더 Geddes는 '에어플로'에 보다 전통적인 느낌의 그릴을 추가했고, 1934년 모델 소유자는 새로운 디자인으로 차량을 업그레이드할 수 있었다.

1936
Delahaye Model 135M Coupe

델라하예 모델 135M 쿠페

─────◆─────

물살을 힘차게 솟구치는 돌고래의 자태

이 차는 1936년 출시 이후 많은 고급 코치빌더들에게 디자인의 영감을 주었다. 프랑스의 Emile Delahaye가 창립하였지만 Joseph Figoni라는 이름도 역사에서 빼놓을 수 없는 중요한 인물이다.

'피고니'는 자신의 Figoni & Falaschi 코치빌더 회사를 위해 감싸는 듯한 유선형의 차체를 디자인했으며, 이것은 '피고니'의 첫 번째 쿠페 디자인 중 하나로 꼽힌다. 검은색 알루미늄 차체는 정교하게 재단된 드레스처럼 드라마틱하게 반사되어, 물결 모양을 덧댄 것은 마치 관능적인 곡선을 돋보이게 한다.

앞바퀴와 뒷바퀴는 모두 밀폐되어 있으며, 헤드라이트는 미세한 바가 달린 매립형 그릴로 가려져 있다. 이 그릴은 중앙 라디에이터 그릴의 수직 바와 후드 측면 통풍구를 보완한다. 비슷한 간격의 바가 아래쪽으로 쓸어내리며 3개의 크롬 부메랑 모양의 곡선으로 강조되어 있다.

라디에이터 그릴은 후드까지 이어지는 크롬 스트립으로 나뉘는데, 두 개의 측면 스트립은 차체 길이를 따라 이어지며 도어 아래를 휩쓸고 후면 펜더 위로 극적으로 올라가고, 중앙 스트립은 후드 상단을 따라 삼각형 카울까지 곧게 뻗어 있다.

　차량의 벨트라인 위의 매립형 도어 핸들은 크롬으로 포인트를 더하기도 한다. 대형 선루프는 탑승자 위쪽 패널의 대부분을 차지하며, 루프는 아래쪽으로 기울어져 분할된 뒷유리창과 통합되어 있다.

　여기에 이 차의 흥미로운 역사를 모두 밝힐 수 없지만, 나치로부터의 은신, 멕시코 여배우 Dolores del Rio의 소유, 동부쪽으로 눈보라를 뚫고 주행하는 위험한 여행, 가짜로 판명된 그림과의 교환, 투톤 블루로 복원, 1981년 페블비치 콩쿠르에서 클래스 우승, 2004년에 본래 엔진과 다시 결합하고 검은색 페인트를 되찾은 복원 등 주요 내용을 소개한다.

제원을 찾아서

차대번호 Chassis Number
#46576

엔진 형식 Engine
실린더당 OHV 2개, 주철로 만든 직렬형 6기통

파워 Power
4,200rpm에서 120bhp

기화기 Carburetion
솔렉스 3대 40S

변속기 Transmission
4단 수동

축거 Wheel base
270cm/106.3인치

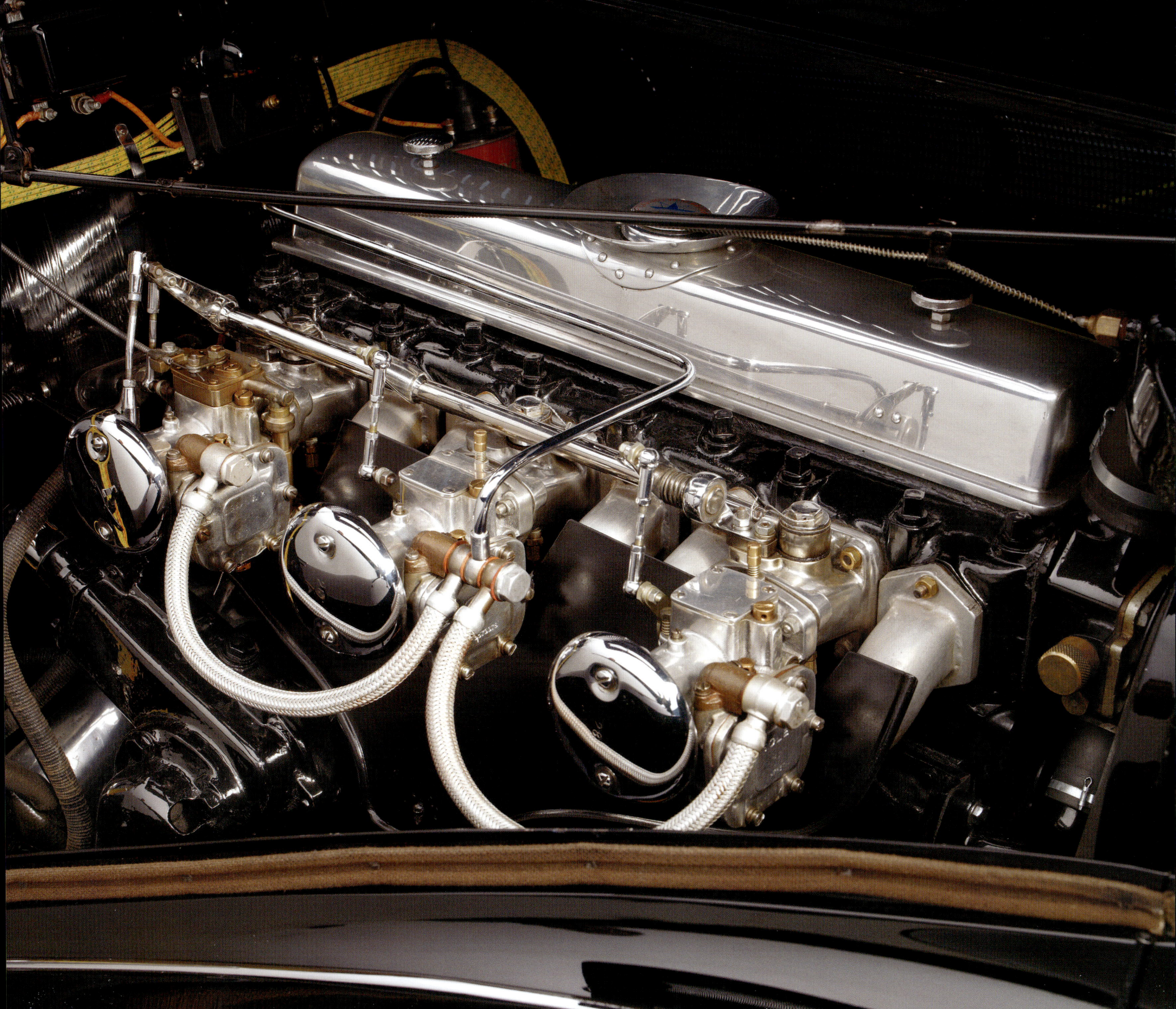

1937
Bugatti Type 57S Atalante

부가티 타입 57S 아탈란테

타의 추종을 불허하는 절대 품격과 스피드!

Ettore Bugatti 자동차는 절대 우위의 우아함과 스피드는 타의 추종을 불허할 정도다. 이탈리아 태생의 엔지니어로서 프랑스에 거주하던 '부가티'는 그랑프리를 수상한 레이서와 웅장한 로드카를 직접 만들었으며, 하나같이 스피디하고 럭셔리한 자동차였다.

1930년대 초, 부가티는 다양한 차체 스타일에 사용할 수 있는 섀시를 만들기 위해 노력하면서 Type 57을 탄생시킨다. 그 중 57S 아탈란테는 차축이 섀시 중심선 위에 장착되고, 휠베이스가 짧아 레이싱 버전을 제외하면 가장 스포티하고 낮은 차체였다. 또한 차체 스타일은 다른 차종과 비교할 수 없을만큼 가장 독창적인 타입이기도 하다.

제작된 '아탈란테' 중 똑같은 차체는 하나도 없다. 일부는 롤백 탑이 있거나 일부는 헤드라이트가 독립적으로 장착되어 있으며, 리어 펜더가 길어지기도 하였다. 섀시 번호 57562의 노란색 프렌치 곡선이 짙은 검은색 차체를 강조하고 버블 모양의 지붕을 둘러싸고 있는 것처럼, 많은 아탈란테는 대조적인 색상을 사용해 차체 라인을 뽐내기도 한다. 분할된 리어 윈도, 물방울 모양의 사이드 윈도, 스커트형 뒷바퀴는 '부가티'의 독특한 형태에 매력을 더한다. 물론 전면 중앙에는 부가티의 시그니처인 직립형 말굽 그릴이 자리하고 있다.

　Type 57S 섀시는 1937년 르망 24시에서 우승을 차지한 바 있고, 그 성능의 혈통은 '아탈란테'에도 그대로 이어진다. 고압축 직렬 8기통 엔진은 약 7.5톤의 차체 무게에서 175마력을 발휘하였고, '부가티'는 슈퍼차저를 추가해 210Hp과 최고 속도 80km를 내는 Type 57SC도 생산하였다.

제원을 찾아서

보디 프레임 Body Frame
스틸 오버 스틸

축거 Wheel base
275cm/101인치

전장 Length
298cm/117인치

차고 Height
138cm/54인치

엔진 형식 Engine
DOHC, 실린더당 밸브 2개, 3.3리터

변속기 Transmission
4단 수동

1937
Delage D8-120S Aérodynamic Coupe

들라주 D8-120S 에어로다이내믹 쿠페

'Best in Show'에 무려 4번이나 우승하다니...!

'페블비치 콩쿠르 델레강스'에서 Best in Show를 수상한 것은 놀라운 성과이다. Sam & Emily 만은 2005년에 바로 이 차, 푸어트아웃 코치빌드의 보디를 장착한 1937년형 Delage D8-120S로 네 번째 '베스트 인 쇼'를 수상한 것은 완전히 다른 차원의 성과이다.

2005년 '페블비치 콩쿠르'는 1905년 자동차 제조업체의 탄생 100주년을 기념하여 Delage 브랜드를 기리는 행사였다. 1935년 Delahaye는 흡수된 '들라주'를 상징하는 8대의 자동차가 전시되었다. 그 후 1936년 '델라하예'는 D8-100과 D8-120 섀시에 새로운 8기통 엔진을 도입했고, 이 엔진은 당시 최고의 코치빌더들이 제작한 수많은 자동차의 기반이 되었다. 하지만 이 특별한 자동차는 낮은 서스펜션, 좁은 트랙, 더 큰 엔진을 특징으로 하는 프로토타입 섀시를 기반으로 제작되었다.

무심코 지나치면서 한 번만 봐도 눈이 휘둥그레지는 자동차임을 예감할 수 있을 것이다. 여유롭지만 날카로운 프레임의 라디에이터 그릴은 앞 펜더에서 카울 스커틀까지 이어지는 날렵한 라인과 완전히 스커트 처리된 뒷 펜더, 뾰족한 꼬리까지 이어지는 경사진 루프 라인과 멋진 대조를 이룬다.

　측면 유리는 특히 우아하며, 전면과 후면 창문 사이에는 웨더스트립이 없지만 실용적인 웨지 테두리가 있다. 크롬 트림도 거의 없고, 주차등이나 범퍼도 없다. 깔끔하게 정돈된 엔진 베이와 장착된 러기지 세트가 이 독특한 자동차의 멋진 외관을 완성한다.

　Marcel Pourtout가 이 자동차를 완성한 후 1937년 파리 오토살롱에서 데뷔한다. 1940년까지 '루이 들라주'가 이 차의 소유주로 등록하게 된다.

　1950년대 중반에 미국으로 건너와 여러번 소유주를 거친 다음 Mann이 이 차를 알게 되어 구매하게 된다. 2년이 넘도록 복원하고 차체를 수리한 끝에 페블비치 관객들의 환호를 받으며 그 모습을 드러내게 되었다.

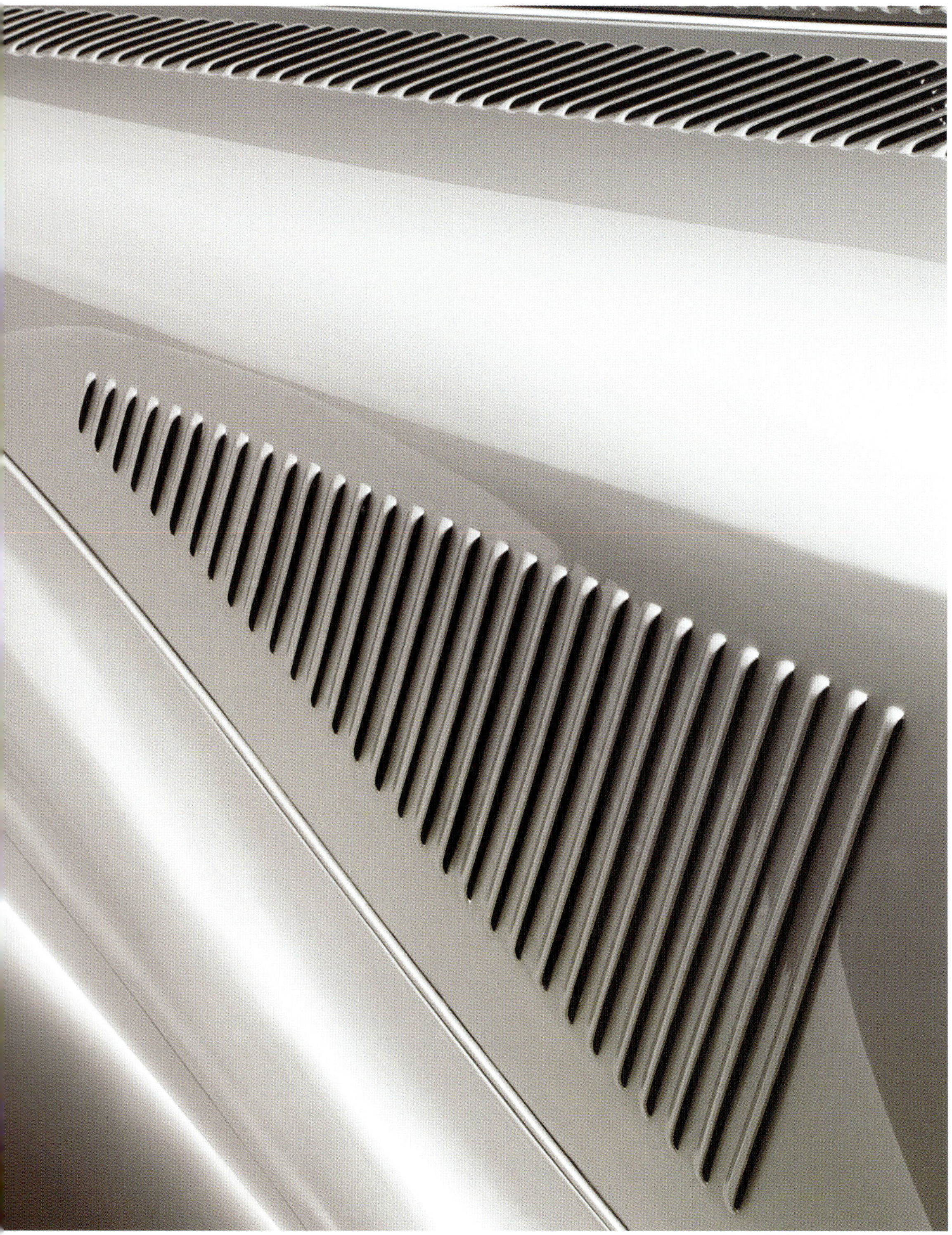

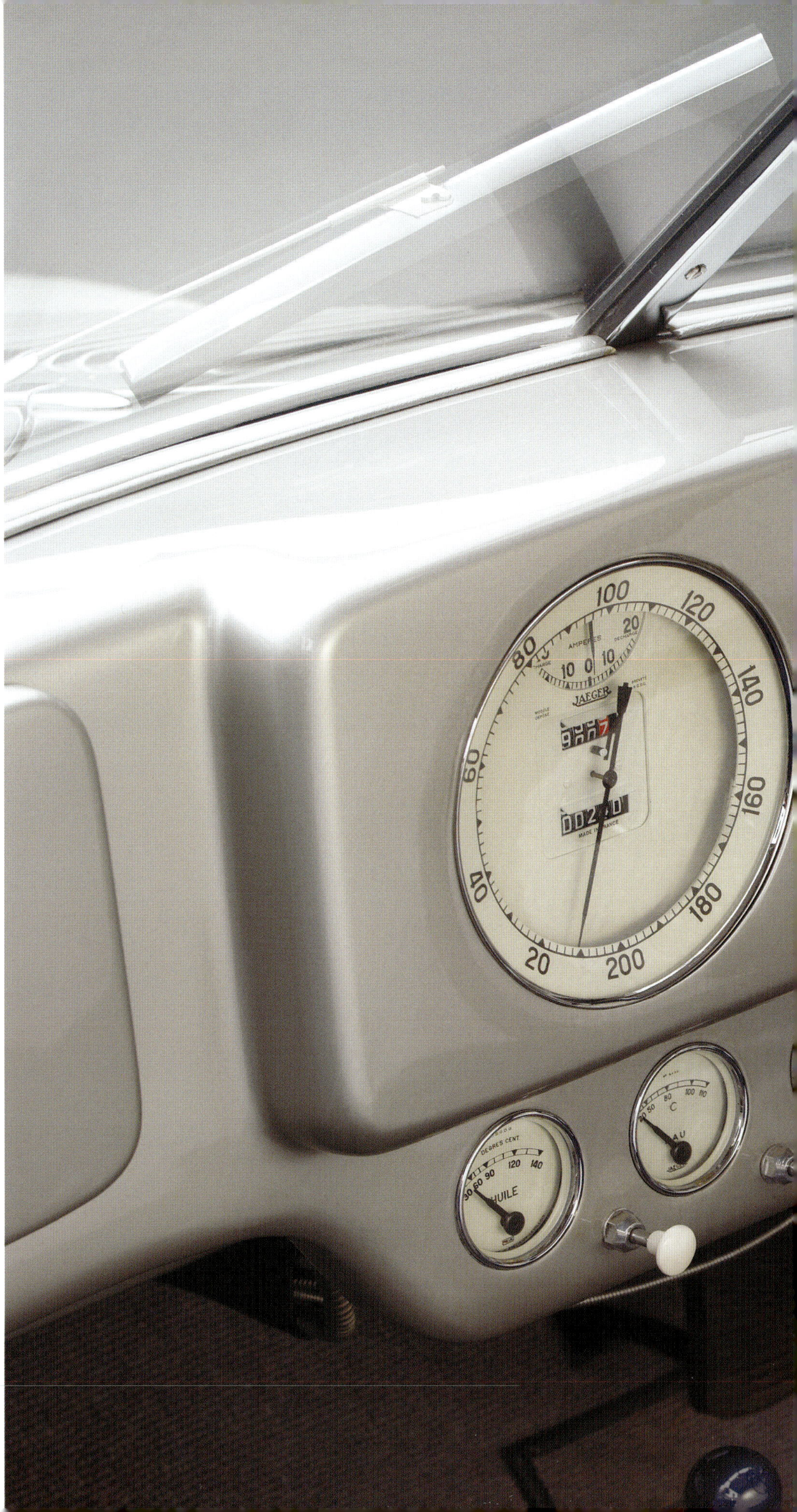
JAEGER
AMPERES
20 40 60 80 100 120 140 160 180 200
HUILE

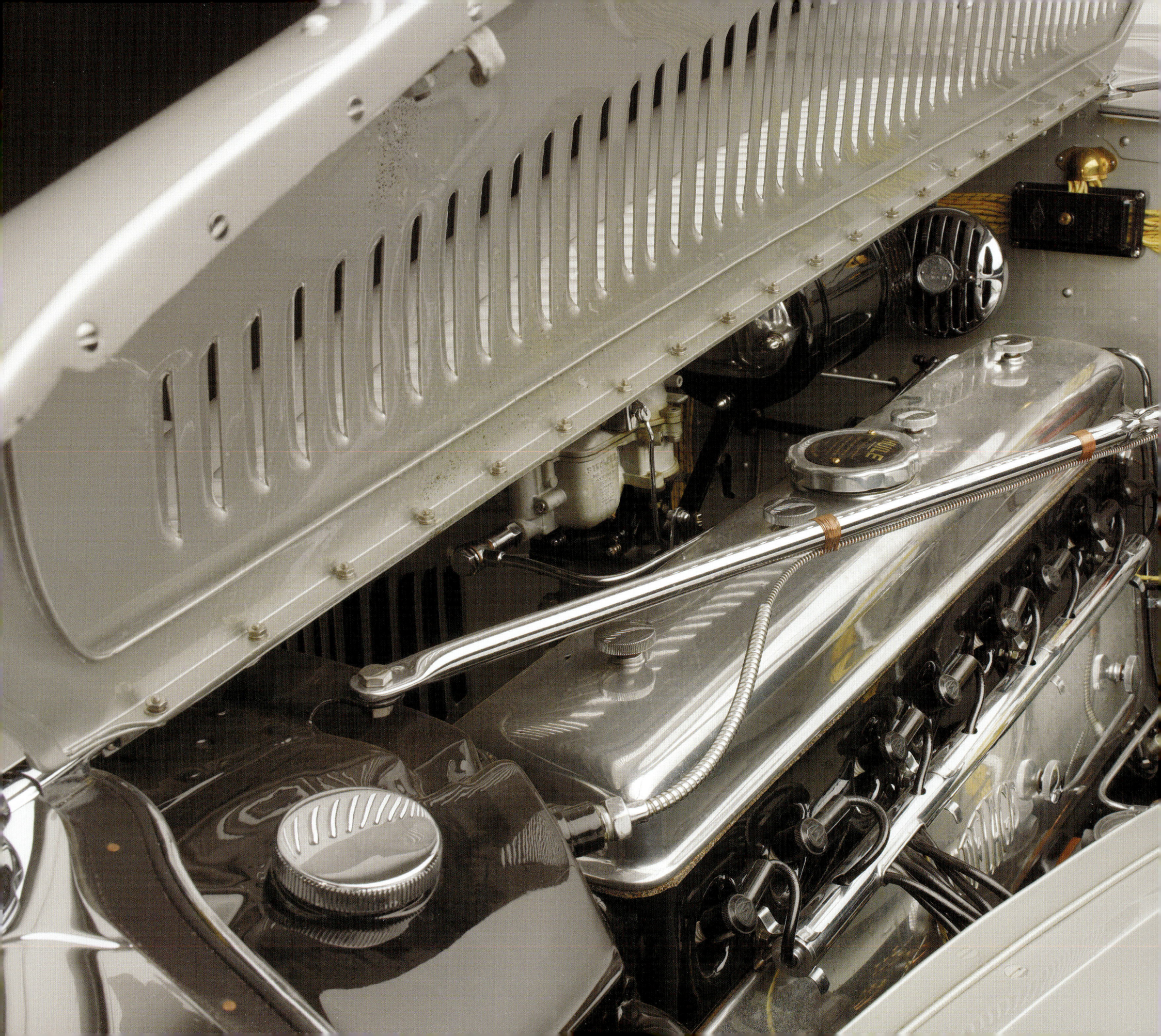

제원을 찾아서

차대번호 Chassis Number
#51620

엔진 형식 Engine
4.75리터, 주철 직렬형 8기통, 실린더당 밸브 2개

파워 Power
4,200rpm에서 120bhp

변속기 Transmission
코탈 유성 4단 기어 컬럼 장착 변속

중량 Weight
1,746kg/3,850lbs

축거 Wheel base
335cm/132인치

제동 방식 Brake
38cm 드럼/15인치

1937
Dubonnet Hispano-Suiza H-6C "Xenia" Coupe

두보넷 히스파노 - 수이자 H-6C "제니아" 쿠페

"제니아", 사랑하는 와이프의 이름으로…!

'제니아'라는 이름은 영어권에서는 좀 이국적이고 독특하면서 여성스러운 이미지를 떠올리게 한다. 이렇게 비교할 수 없는 자동차 예술 작품은 그 기대에 부응하고도 남는다.

사실 '제니아'는 초기 소유주이자 제작자인 Andre Dubonnet의 고인이 된 아내의 이름을 따서 명명하였다. 그는 프랑스인으로서 강화 와인으로 큰돈을 벌었으며, 발명가이자 레이싱 드라이버이기도 하다. 두보넷은 '히스파노-수이자'의 자동차를 좋아했고 이 섀시를 기반으로 많은 커스텀 차량을 제작하였다. 두보넷은 독특한 독립 서스펜션 시스템을 설계했고, 이를 '제니아'에 장착하였다. 쿠페의 차체는 유선형 항공기 제작 경험이 있는 Jean Andreau가 디자인했고, Saoutchik가 제작하였다.

이 차의 파노라마 앞유리는 시대를 훨씬 앞서고 있었다. 1950년대에 GM이 출시하기 전까지는 어떤 양산차에도 이런 앞유리창이 없었다. 동체 모양의 차체를 덮는 Canopy와 같은 온실의 나머지 부분을 완성하기 위해 더 많은 곡선형 유리 조각이 사용되었다. 자동차 두 개의 문은 사다리꼴 메커니즘으로 열리고, 측면 창문은 새의 날개처럼 위로 올리면서 열리는 형식이다.

앞 펜더는 다소 평범해 보이지만, 뒷 펜더는 유선형 프로펠러 비행기의 바퀴에서 볼 수 있는 페어링과 비슷한 모양이며, 넓고 평평한 꼬리 부분으로 갈수록 가늘어지고, 꼬리의 세 점과 그

사이에 가리비가 있는 모양은 Batmobile에서나 볼 수 있는 모습이다.

자동차의 후드 아래에는 '히스파노-수이자 H6B' 엔진이 있다. 약 8리터의 인라인 6기통으로 오버헤드 밸브가 장착되어 있고, 144마력을 발휘한다(일부에서는 이 차의 엔진을 업그레이드하여 200마력을 낼 수 있다고 믿기도 하지만...).

이 차는 제2차 세계대전 동안 숨겨져 있다가 전쟁의 참화에서 살아남은 후 1946년에 다시 모습을 드러냈습니다. 프랑스 '히스파노-수이자' 클럽 회장 등의 손을 거친 후 완전히 복원되어 2000년 '페블비치 콩쿠르 델레강스'에서 전시되었다. 2009년 '굿우드 페스티벌 스피드'에서 Best of Show를 수상하였다.

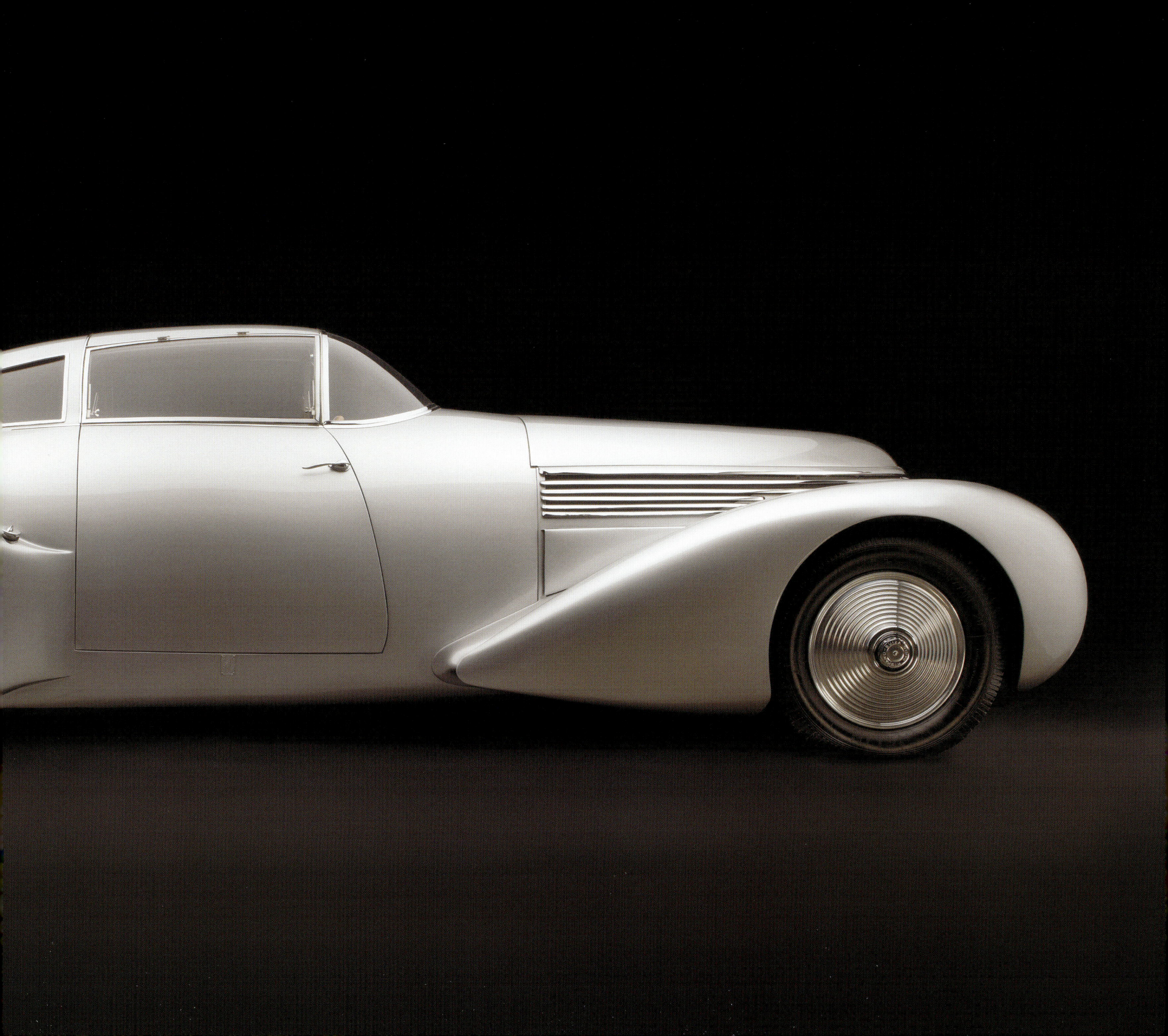

제원을 찾아서

섀시 형식 Chassis
1932 히스패닉-수이자 H6-C

차대번호 Chassis Number
#103

엔진 형식 Engine
OHC, 알루미늄 인라인6

변속기 Transmission
4단 수동

서스펜션 Suspension
4륜 독립, '하이퍼플렉스' 코일 스프링 서스펜션

제동 방식 Brake
드럼식, 서보지원시스템

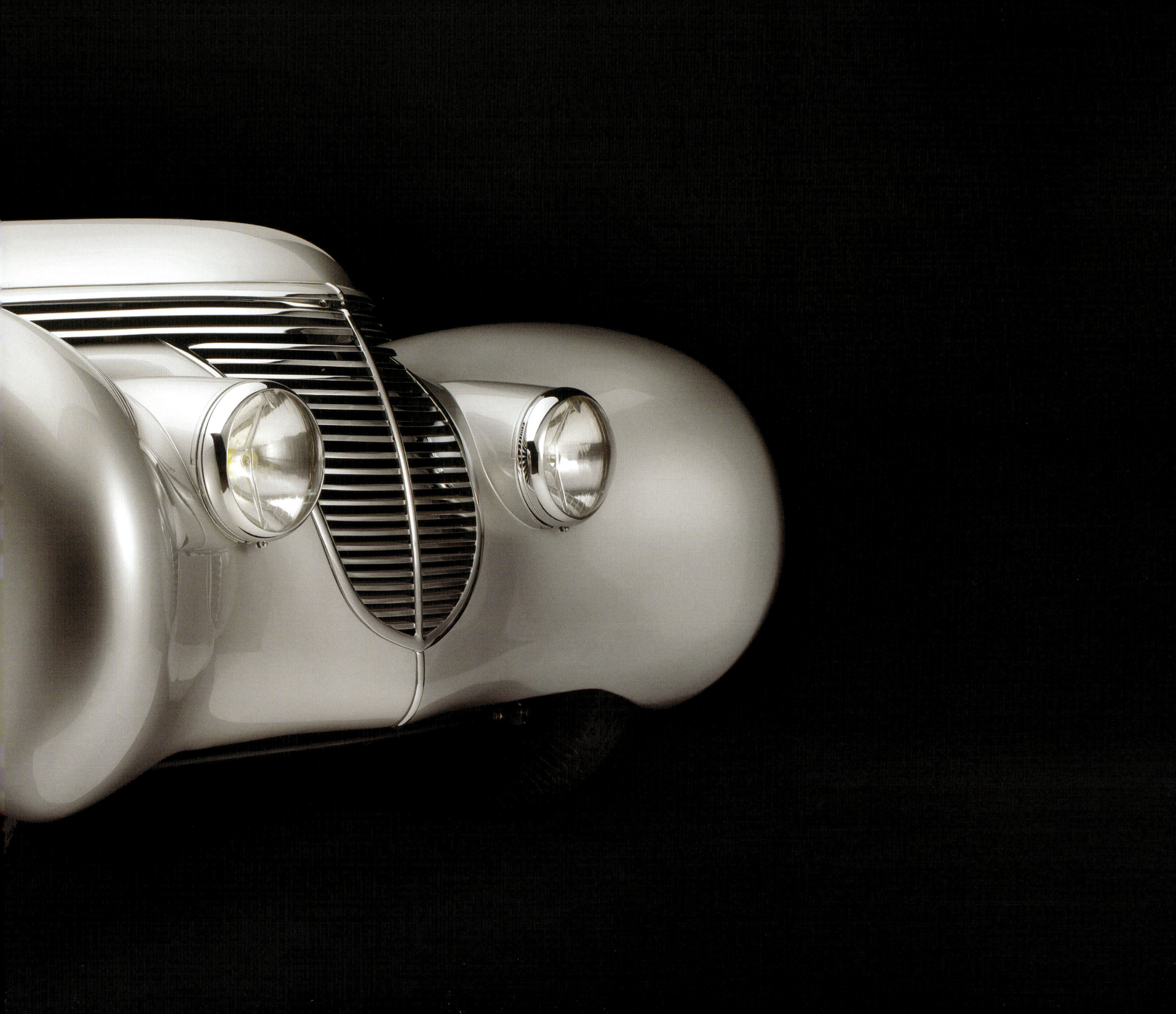

1938
Alfa Romeo 8C2900B

알파 로메오 8C2900B

친환경 자동차 라는 아이콘의 시조새...!

여기에 선정된 아름다운 자동차 중 하나일 뿐이라고 쉽게 생각할 수 있겠지만, 실은 이 '알파 로메오'의 외관은 가장 주목할 만한 특징을 든다면 다른 차종에 비해 극도의 최상위에 있다고 볼 수 없다.

대신에 이 우아한 쿠페를 돋보이게 하는 것은 혁신적인 구조에서부터 온다. Superleggera 단어는 최근 람보르기니가 "초경량" 버전의 로드카를 설명하기 위해 채택했지만, 사실 이 용어는 '8C2900B'에 구조 기술을 설명하기 위해 처음으로 사용된 것이다. '슈퍼레제라' 구조는 기존의 body-on-frame방식 대신에 삼각형의 작은 지름 튜브를 용접하였다. 매우 가볍고 단단한 섀시를 제작하여 그 위에 차체를 구성하고 형태를 만드는 방식을 채용하였다. '슈퍼레제라' 스타일의 구조를 채택한 '마세라티'의 후기 Bird Cage 레이싱카는 섀시 프레임 네트워크의 일부가 노출되어 새장처럼 보였기 때문에 그렇게 붙여진 이름이다.

그 결과 수작업으로 성형한 알루미늄 차체를 장착할 경우 무게가 약6.4톤에 불과했는데, 당시 비슷한 자동차의 스타일과 크기의 무게가 약 8.9톤이 넘을 정도였으니 획기적으로 경량화에 성공한 것이다.

이는 분명 자동차의 성능에 큰 도움이 되어 스피드나 경제적인 연료 소모 등 많은 이점을 가져온 것은 사실이다. 섀시 번호 412035인 특정 자동차는 1948년 Watkins Glen Grandprix의 첫 번째로 우승하는 자동차가 되기도 하였다.

    이 차의 Corrozzeria 투어링 차체 하부에는 후드 밑에 180마력을 내는 트윈 슈퍼차저 스트레이트8 엔진이 장착되어 있다. 또한 앞 뒤 독립 서스펜션과 유압식 드럼 브레이크가 장착되어 있다. 그리고 슬롯형 리어 펜더 스커트와 카울 스커틀까지 이어지는 사이드 후드 루버로 식별할 수 있고, 40여 대가 제작되었으나 각기 다른 특징을 지니고 있다.

    '알파 로메오'는 복원 후 2008년 '페블비치 콩쿠르 델레강스'에 전시되어 Best of Show를 수상하기도 하고, 2009년 이탈리아 Como 호수에서 열린 Villa d'Este Concorso에서도 그 성과를 재현하기도 하였다.

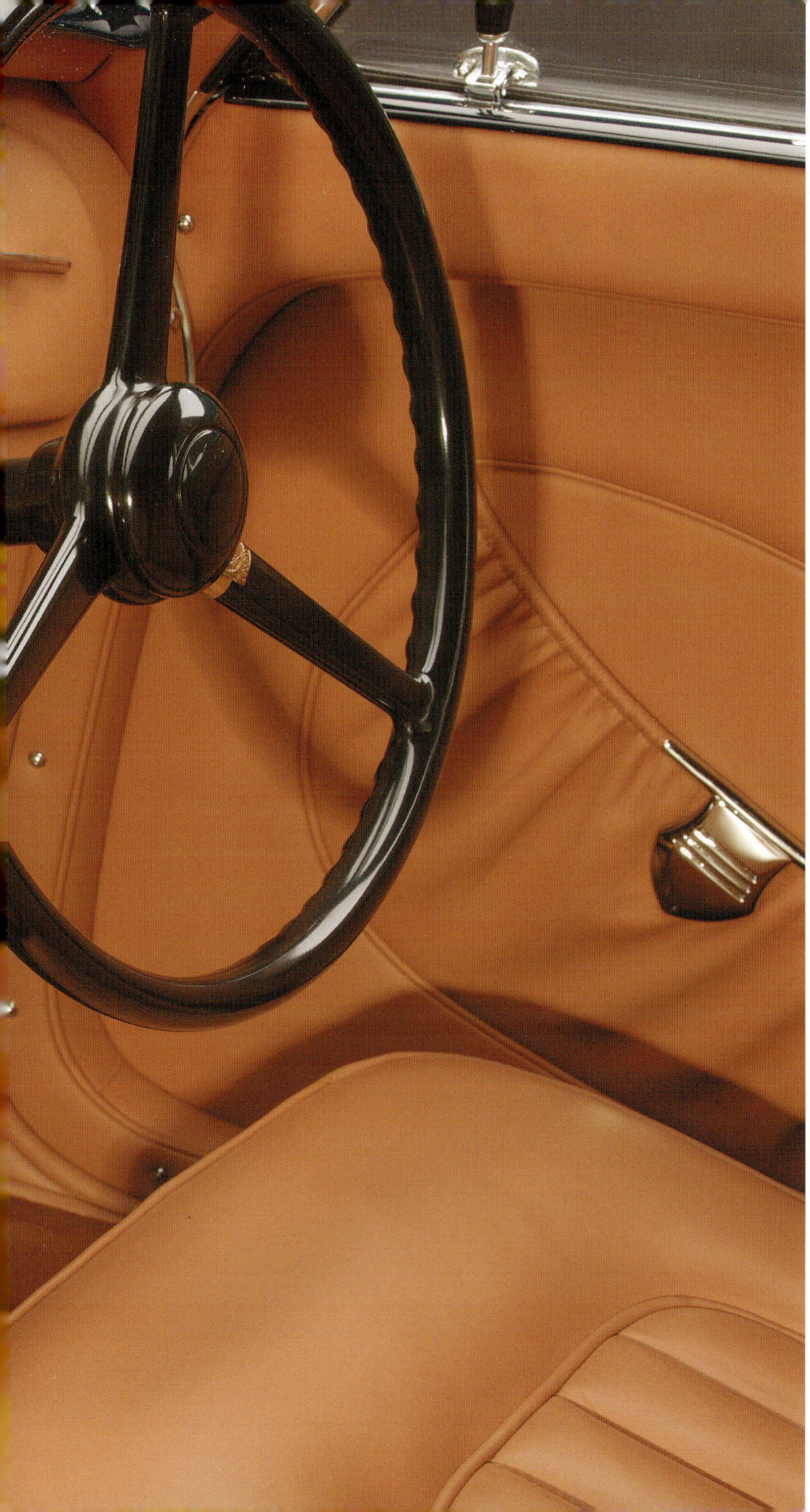

177

제원을 찾아서

보디 스타일 Body Stylist
펠리스 비앙키 안데롤로니

엔진 형식 Engine
DOHC, 실린더당 밸브 2개, 합금 직렬형 8기통, 3.0리터

과급기 Superchargers
트윈 루츠 스타일

축거 Wheel base
300cm/118.1인치

프런트 서스펜션 Front Suspension
이중 트레일링 암, 코일 스프링, 유압 댐퍼

리어 서스펜션 Rear Suspension
반경 암과 횡방향 타원형 판스프링, 유압 및 댐퍼가 있는 스윙 액슬

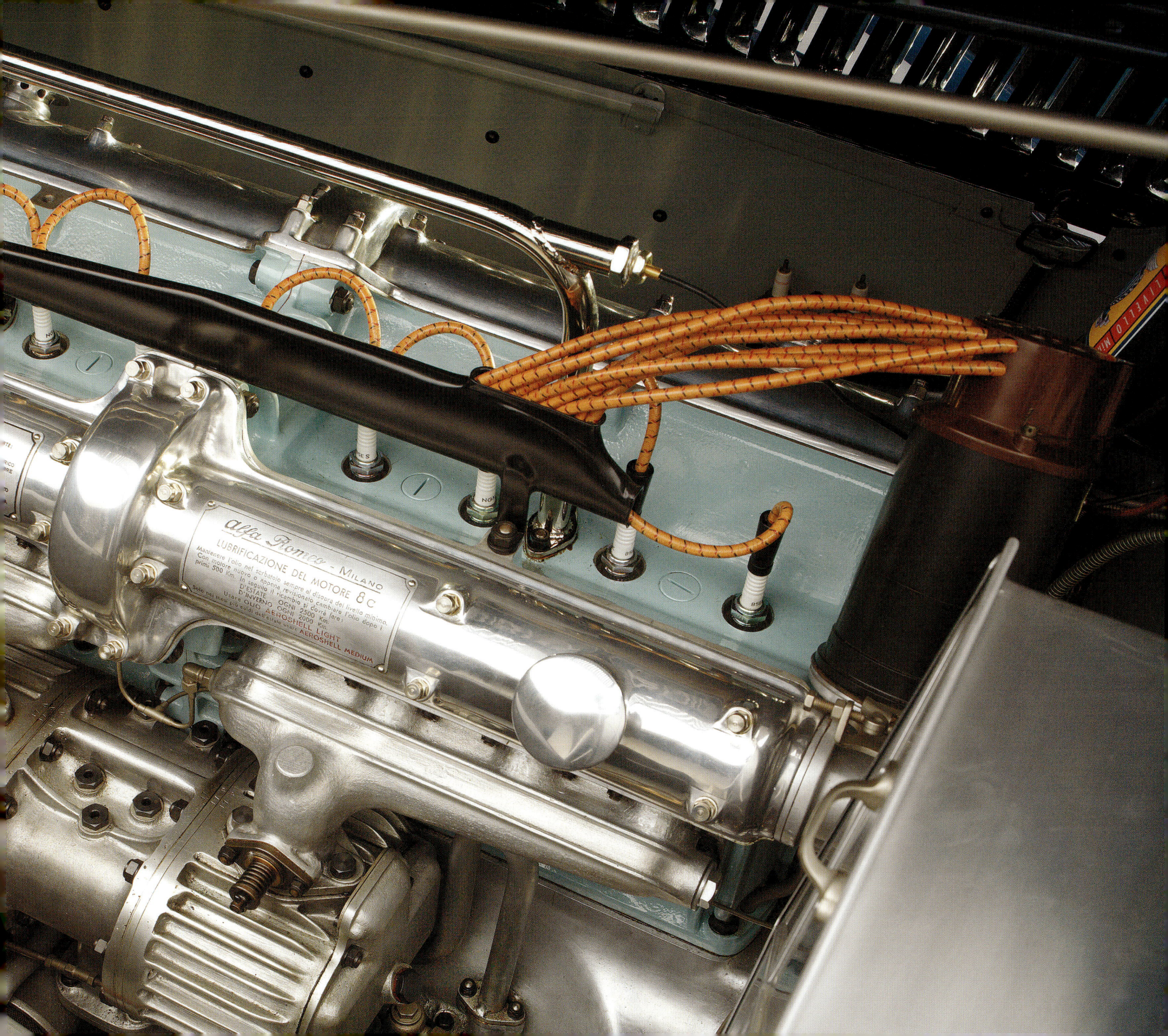

Section IV
Sedans

세단

톡톡 튀는 디자인과 엔지니어링을 만나다

4도어 자동차라고 해서 반드시 고루할 필요는 없다. 그러나 이 섹션의 차들은 전혀 그렇지 않다는데 주목을 끈다. 실제 이 차들은 여기에 게재한 다른 모든 차들과 비교할 때 동등한 수준의 고급스러움과 혁신을 보여준다는 것이다.

1931년형 Duesenberg SJ Convertible Sedan을 예를 들어보자. 이 차는 1.32톤이 넘는 대공황 시대 드롭탑으로서 시속 81km/h를 돌파할 수 있는 자동차이다. 80년 전에도 물론이고 오늘날에도 놀라운 수치임에는 분명하다. 긴 후드 하부에는 양산차에서 흔히 볼 수 없는 원심식 슈퍼차저가 장착되어 있기 때문에 Duesy의 속도 비결은 여기에 있다.

1934년형 Silver Arrow는 피어스 애로우가 이전의 여러 가지를 뛰어넘는 최고급 럭셔리 자동차로 제작하였다. 여기에는 과거의 진부함을 떨쳐 버리고 새로운 디자인 아이디어를 추구한 것이다.

200만 달러가 넘는 경매 가격은 '쿠페'나 '컨버터블'이 아니라도 높은 가격을 받을 수 있다는 것을 반증하는 게 아닐까. 두 종류의 크라이슬러는 서로 상반된 성향을 지니고 있다. 에어플로 방식은 공기역학적으로 일체화된 차체로 시대를 훨씬 앞섰다지만, 아쉽게도 많은 고객을 유치하지 못하였다.

반면에 Town & Country는 이 책에 실린 가장 최신 차량임에도 불구하고, 차체 구조에서 나뭇결을 적용시킨 것은 그 전후의 어떤 차량과도 비교할 수 없는 수준이다. 이 모든 세단은 각기 다른 이유로 톡톡 튀는 디자인과 엔지니어링의 예술 작품을 보여주고 있다.

1931
Duesenberg SJ Convertible Sedan

듀센버그 SJ 컨버터블 세단

내 생애 100억 원대의 차를 볼 수 있을까!?

'듀센버그' 브랜드는 미국 자동차 역사상 가장 뛰어난 브랜드 중 하나임에는 틀림 없다. 인디애나에 본사를 둔 Auburn-Cord-Duesenberg 회사의 일부인 이 브랜드는 인디애나폴리스 500 우승 레이스카를 제작한 듀센버그 형제인 August와 Fred에서 이름을 따왔다. 1928년 '뉴욕 오토모빌 살롱'에서 이 모델이 소개된 후 약 481대의 시리즈 'J 듀센버그'가 제작되었다.

당시의 많은 자동차 제조업체와 마찬가지로 '듀센버그'는 섀시와 엔진 제작에 집중하여, 외부 코치빌더가 최종 고객의 요구에 따라 차체를 만들도록 하였다. 역사학자 Randy Ema에 따르면 이 듀센버그 SJ 컨버터블 세단은 고객이 아닌 듀센버그 회사에서 차체를 주문했다는 점에서 이례적이다. 덕분에 듀센버그는 잠재 고객에게 보여줄 수 있는 자동차를 보유할 수 있었다.

이 차는 '듀센버그'의 56.1cm 숏 휠베이스 섀시를 기반으로 제작되었다. 듀센버그의 Gordan Buehrig가 차체를 디자인했고, Derham Custom Body Co.에서 제작하였다.

다른 듀센버그와 마찬가지로 이 차는 상당히 거대하지만, 전형적인 듀센버그 방식으로 420cc 모델 J 엔진이 제 몫을 해낸다. 엔진은 4밸브, 더블 오버헤드 캠 직렬형 8기통이고, 차량의 SJ라는 명칭에서 알 수 있듯이 슈퍼차저가 장착되어 더 강력한 힘을 발휘하고 있다.

　다른 듀센버그 엔진과 달리 이 엔진은 후드 측면에 4개의 플렉스 파이프 대신 아름다운 8대 1 배기 매니폴드가 장착되어 있다. 이 엔진은 13.22톤이넘는 거대한 차를 당시 승용차로서는 80.77km/h 이상까지 끌어올릴 수 있다는 것은 놀라운 속도였다.

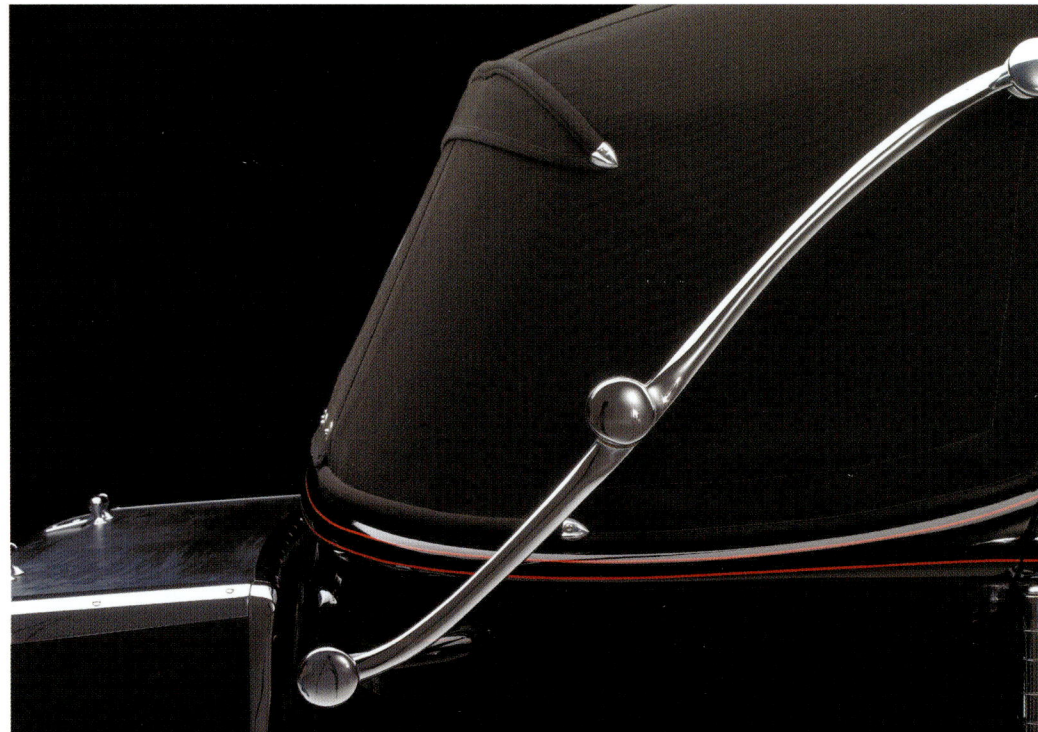

제원을 찾아서

마력 Horse Power
320Hp

시속/0-96km/h
8초

시속/0-160km/h
17초

차대번호 Chassis Number
#SJ-488

판매가 Sale Price
15,250달러

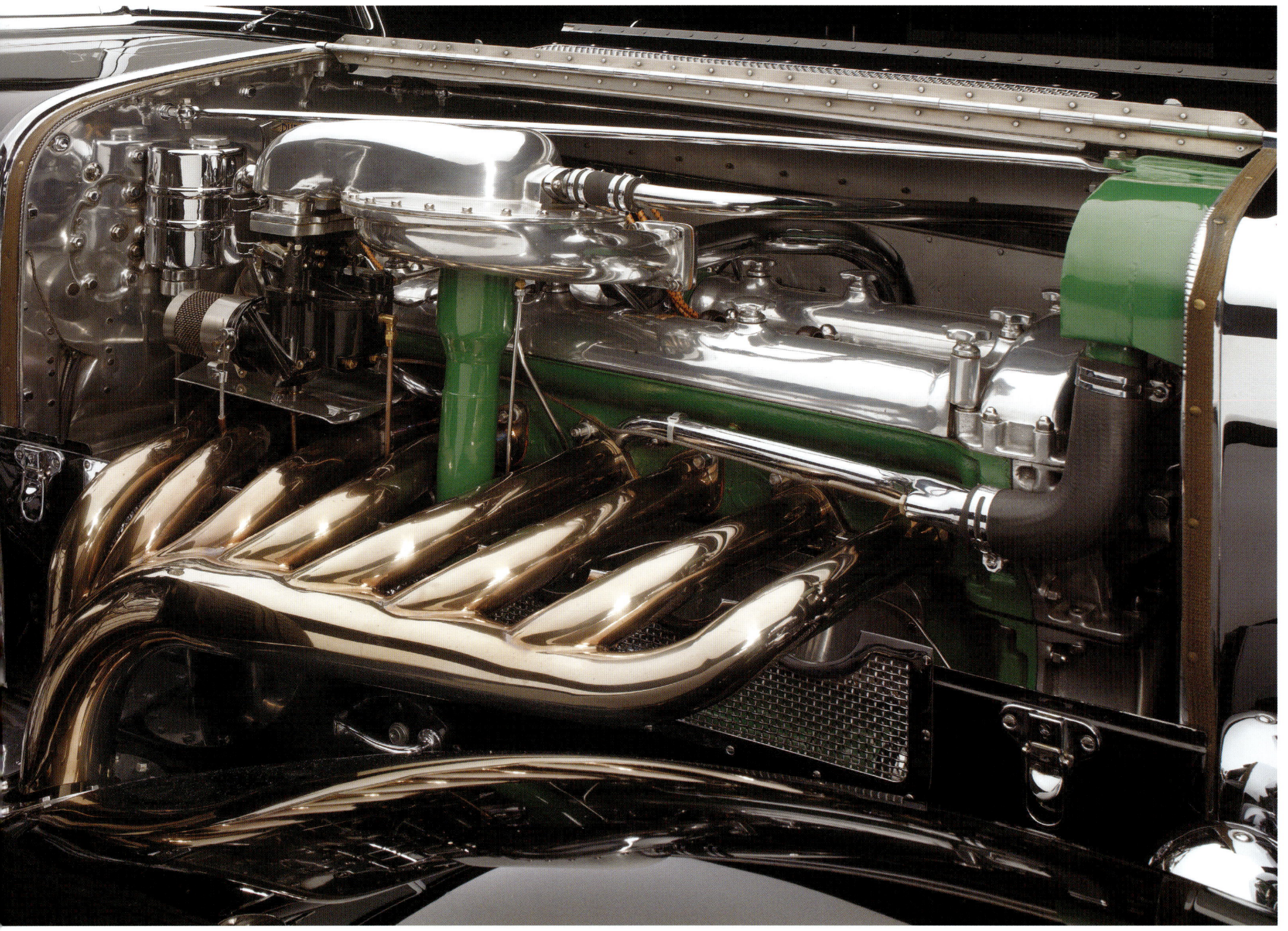

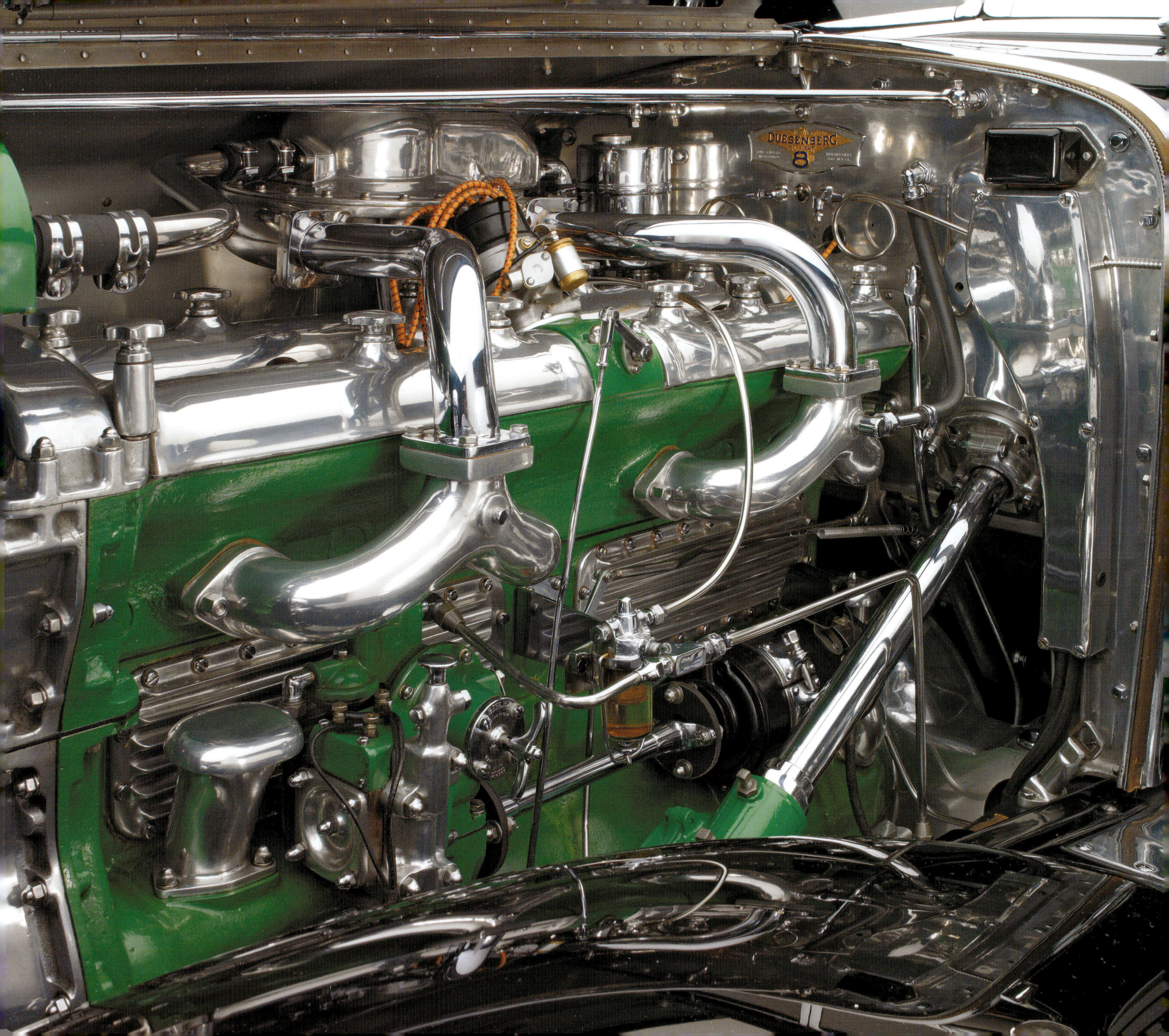

1933
Pierce-Arrow Silver Arrow

피어스 - 애로우 실버 애로우

우유 빛 밍크고래, 세상에 단 2대뿐

'피어스 애로우'는 1901년부터 1938년까지 고급 자동차를 제작했는데, 이는 자동차 제조업체가 크게 위축되던 시기에 비하면 놀라울 정도로 긴 기간이었다.

결국 이 회사도 대공황의 터널을 견디지 못하고 무너졌지만, '실버 애로우'를 생산하기 전까지만 해도 왕성한 노력으로 럭셔리한 자동차 등을 생산하는 단단한 메이커였다.

'실버 애로우'는 총 5대를 생산한 것 중, 현재 단 3대만 남아 있을 뿐이다. 1973년 이후 공개 경매에 나온 최초의 '실버 애로우'는 2012년 1월 애리조나주 스코츠데일에서 열린 Barrett-Jackson 경매에서 220만 달러에 낙찰되는 기염을 토했다.

1933년 뉴욕 오토쇼에서 선보인 '실버 애로우'는 미래지향적인 스타일링으로 새로운 지평을 열었다. 특히 '실버 애로우'는 러닝 보드를 없애는 대신 앞쪽 펜더가 슬래브 측면 차체로 곧바로 이어지는 방식을 채택했는데, 이는 다른 제조사들에게 곧장 모방을 제공한 격이였다(일반적으로 실버 애로우처럼 펜더 안에 스페어 타이어를 숨기지 않는 경우가 많았지만). 또한 펜더는 별도의 브래킷에 램프를 장착하는 기존의 관행과 달리 차량의 헤드램프를 통합하였다.

차량 전면(前面)에는 극적으로 뒤로 젖혀진 폭포수 그릴은 속도감을 더한 디자인이다. 뒷면의 큰 특징이라면 한 쌍의 작은 삼각형 리어 윈도가 높이 장착되어 있다는 점인데, 이는 스타일리시한 차량의 맵시가 고유의 성능을 압도하는 분명한 사례이다.

차량 후드 아래에는 긴 V-12 엔진이 장착되어 이 큰 차를 시속 71.45km/h로 밀어붙일 수 있는 175마력(Hp)의 힘을 냄으로써 1933년 '인디애나폴리스 500'의 페이스카(Pace Car) 역할을 수행하기에 충분했다.

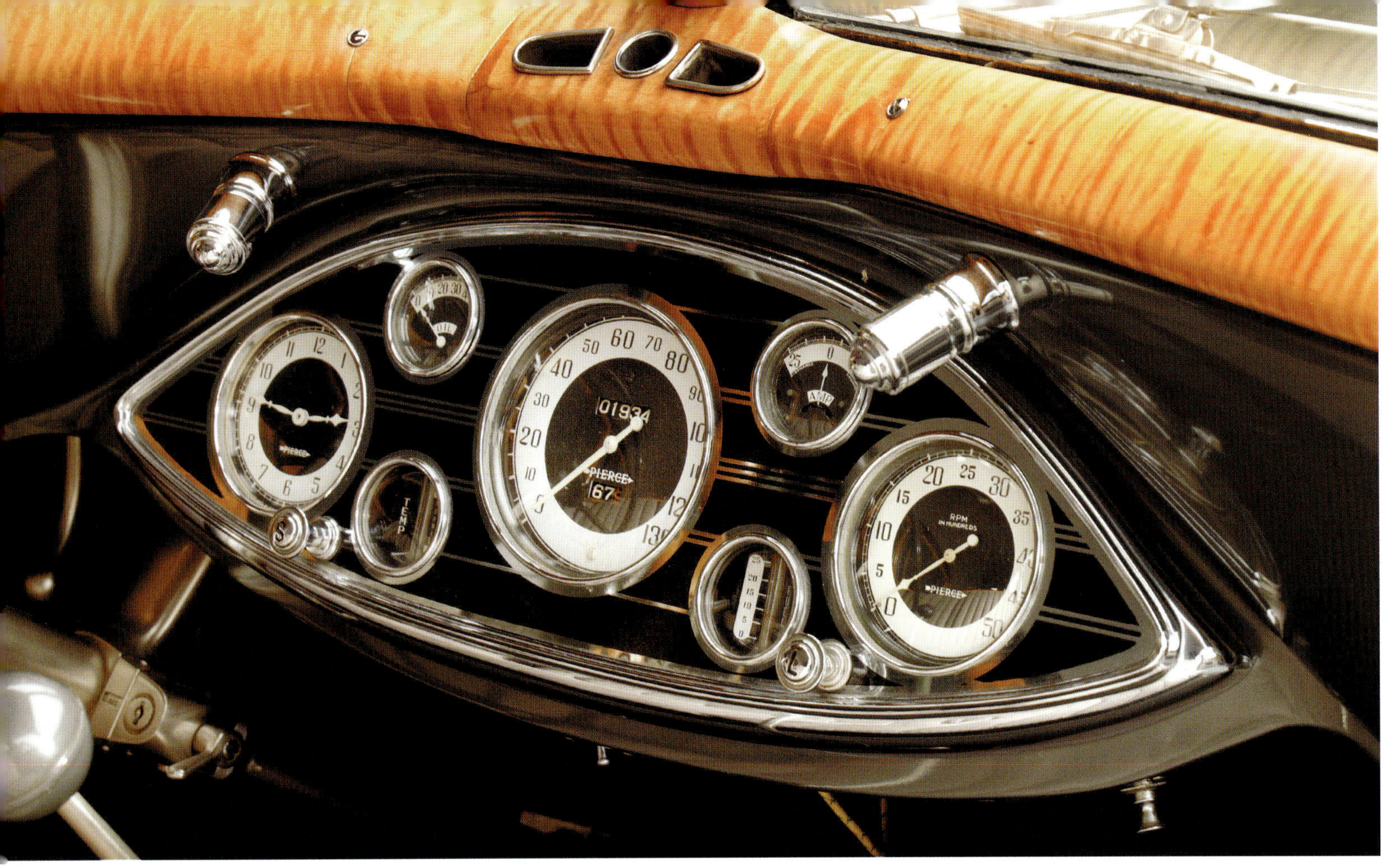

01934
PIERCE
RPM
IN HUNDREDS

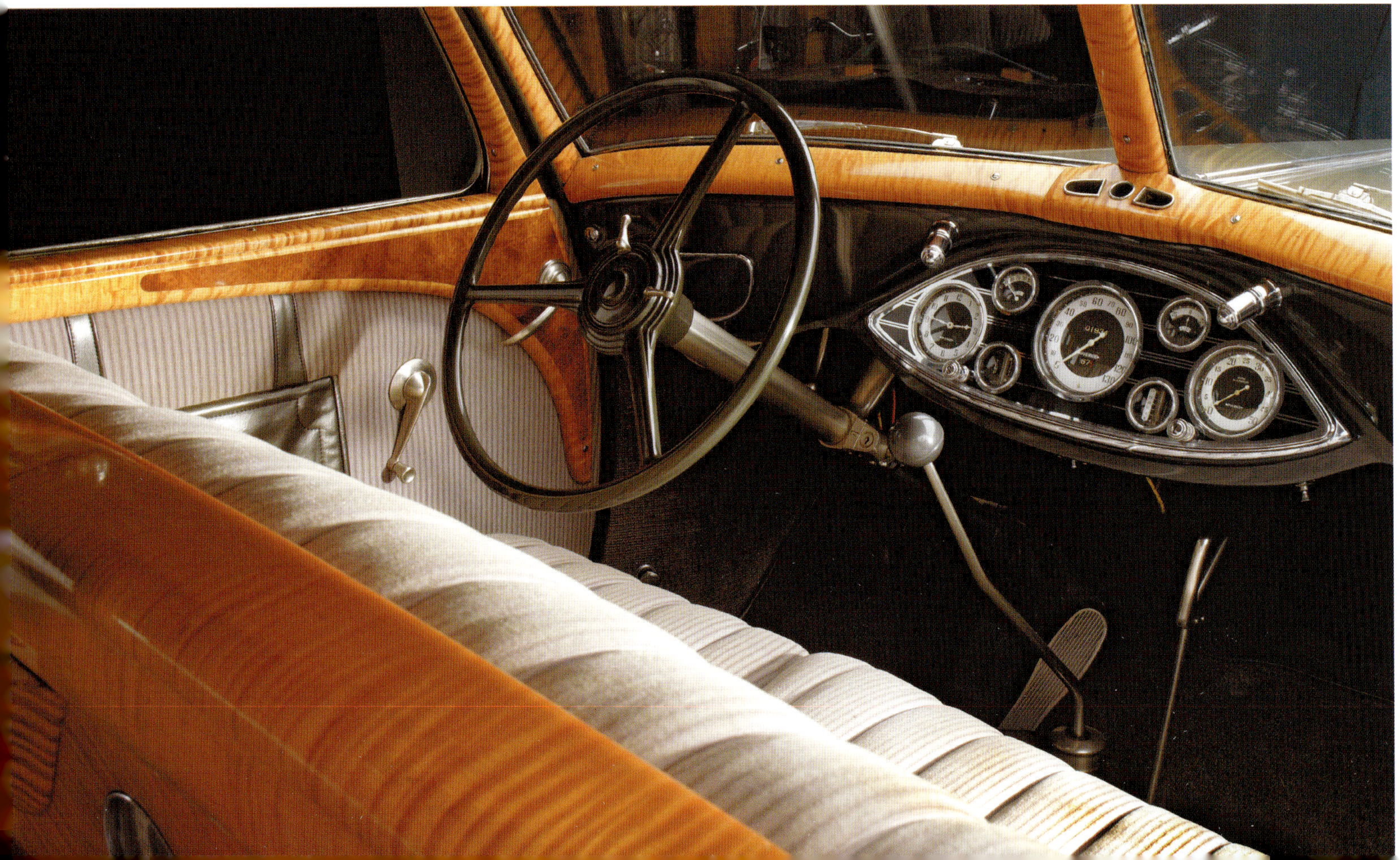

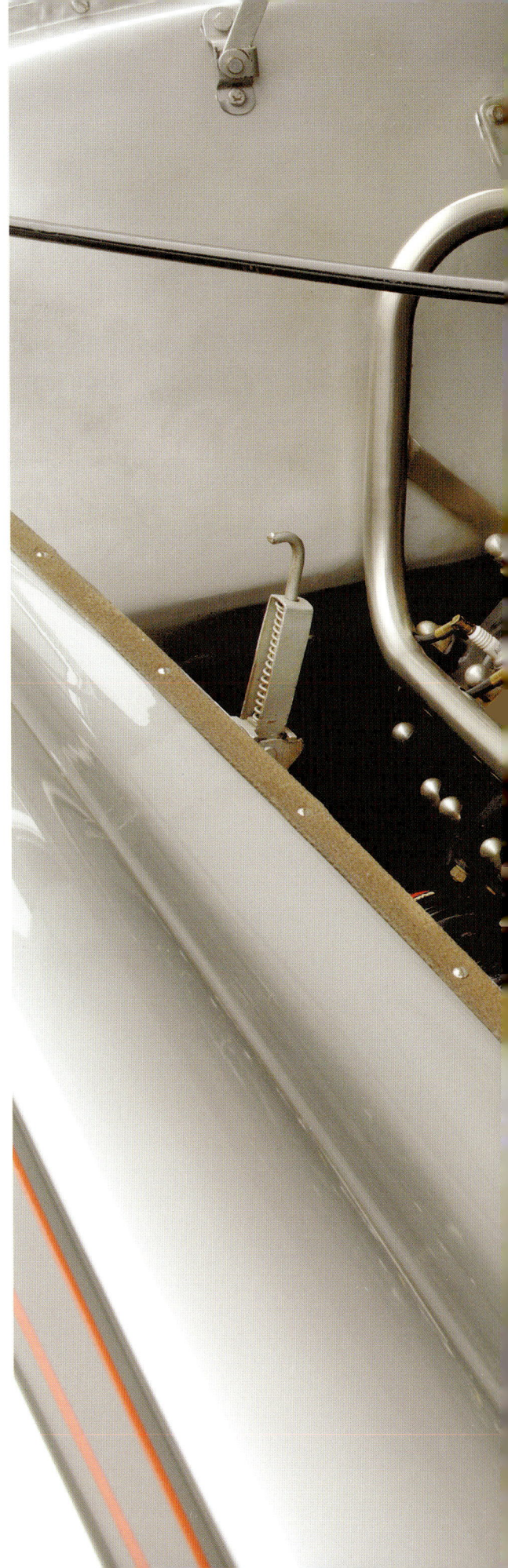

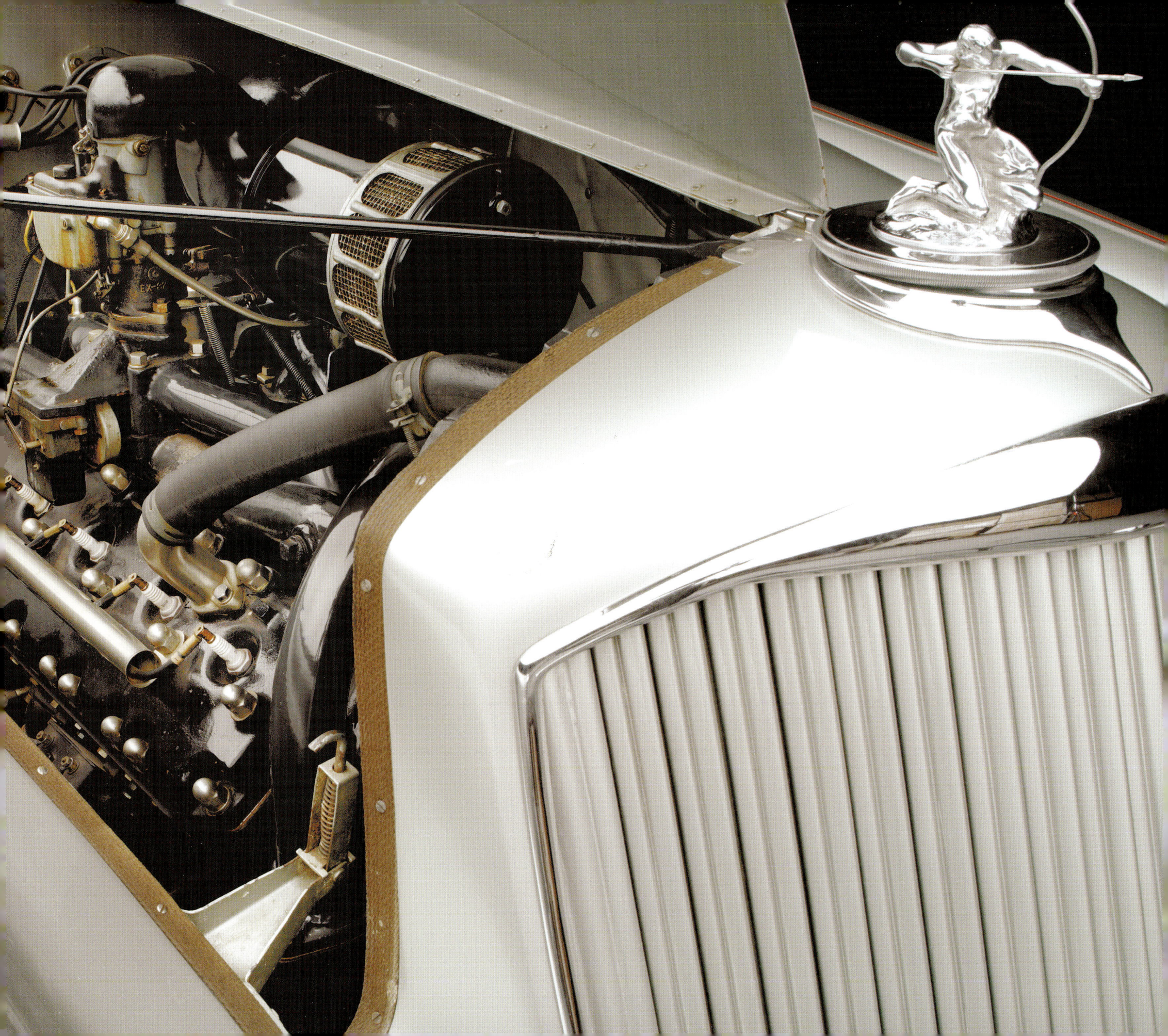

제원을 찾아서

엔진 형식 Engine
주철 80도 V-12

밸브 트레인 Valve Train
사이드 밸브, 실린더당 2개

배기량 Displacement
7.5리터

제동 방식 Brake
유압 보조 드럼

변속기 Transmission
3단 수동

중량 Weight
2,313kg/5,101lbs

1934
Hispano-Suiza J-12 Sedanca

히스파노-수이자 J-12 세단카

비상하는 두루미의 엠블렘은 영원하라!

오늘날 독자들에게 타운카(Town Car)라는 단어는 1980년대 부동산 중개인과 중견 관리자들에게 인기가 있었던 직사각형 차체의 '링컨 세단'을 떠올리게 한다.

'링컨'은 앞좌석이 열려 있고 뒷좌석이 닫혀 있는 4도어 자동차, 즉 운전기사가 대신 운전해주는 자동차라는 원래의 의미를 상기시키기 위해 이 이름을 차용한 것이며, 유럽에서는 타운카를 Sedanca de Ville이라고 불렀고, 이 분류에서 '히스파노-수이자 J-12'는 문이 두 개뿐이지만 앞뒤가 열린 타운카의 스타일을 가진 '세단카 드롭 헤드 쿠페'라고 불렀다.

이 차의 커스텀 보디는 미국인 하워드 "Dutch" 다린과 아르헨티나 태생의 J. Fernandez의 파리 회사인 '페르난데스 & 다린'에서 제작하였다. '페르난데스 & 다린'은 당시 가장 비싼 히스파노-수이자 섀시로 많은 차를 만들었다. 그들은 고급 주조 경첩, 밀착된 차체, 독특하고 광택이 나는 황동 벨트 몰딩을 지정하는 등 차체를 꾸미는 데 비용을 아끼지 않았다. 히스파노는 7년 동안 약 300대의 차체를 생산했지만, 그 중 극소수만 살아남았습니다.

'히스파노-수이자'가 1931년 J-12에 탑재한 V-12 엔진은 거의 10리터에 달하는 크기(100mm 보어와 스트로크의 정사각형)와 부드러운 동력 전달로 주목할 만한데, 이는 VIP에게 편안하면서도 빠른 승차감을 제공하는 데 가장 중요한 요소이다. 각 엔진은 1.54톤의 알루미늄 빌렛(Billet)으로 바로 밀링 가공되었다.

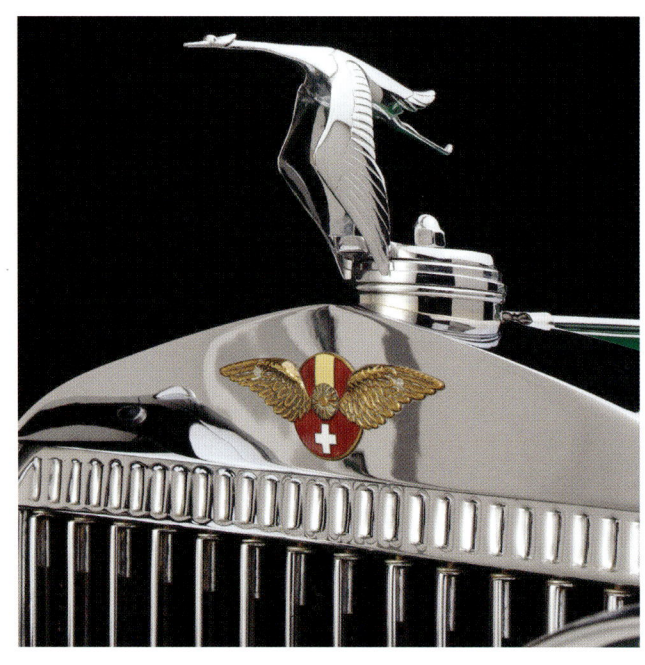

　약 154kg의 무게가 나가는 7개의 메인 베어링 크랭크샤프트는 쿠페가 승용차라기보다는 기관차처럼 움직일 수 있도록 도와주었다. 시속 37.28km/h에 도달하는 데 12초가 걸렸지만, 시속 62.14km/h 이상으로 달릴 수 있었다.

　'히스파노-수이자'는 이전에도 첨단 오버헤드 캠 엔진을 생산했지만, J-12 엔진은 엔진에서 발생하는 기계적 소음을 줄이기 위해 인블록 캠샤프트와 오버헤드 밸브 트레인으로 전환하였다. 1938년 생산이 종료될 때까지 독점적이고 값비싼 이 자동차는 약 120대만 생산되었다.

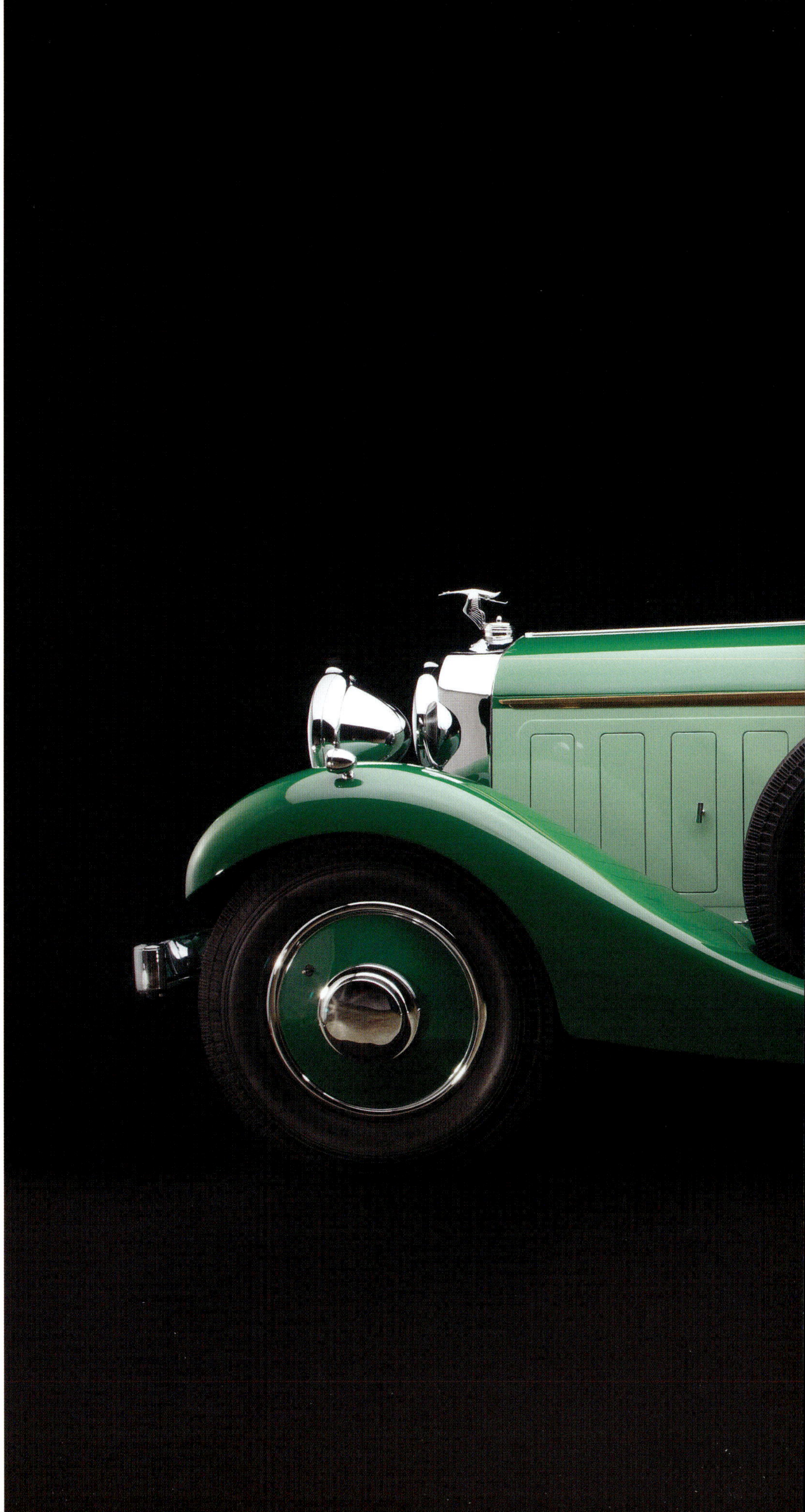

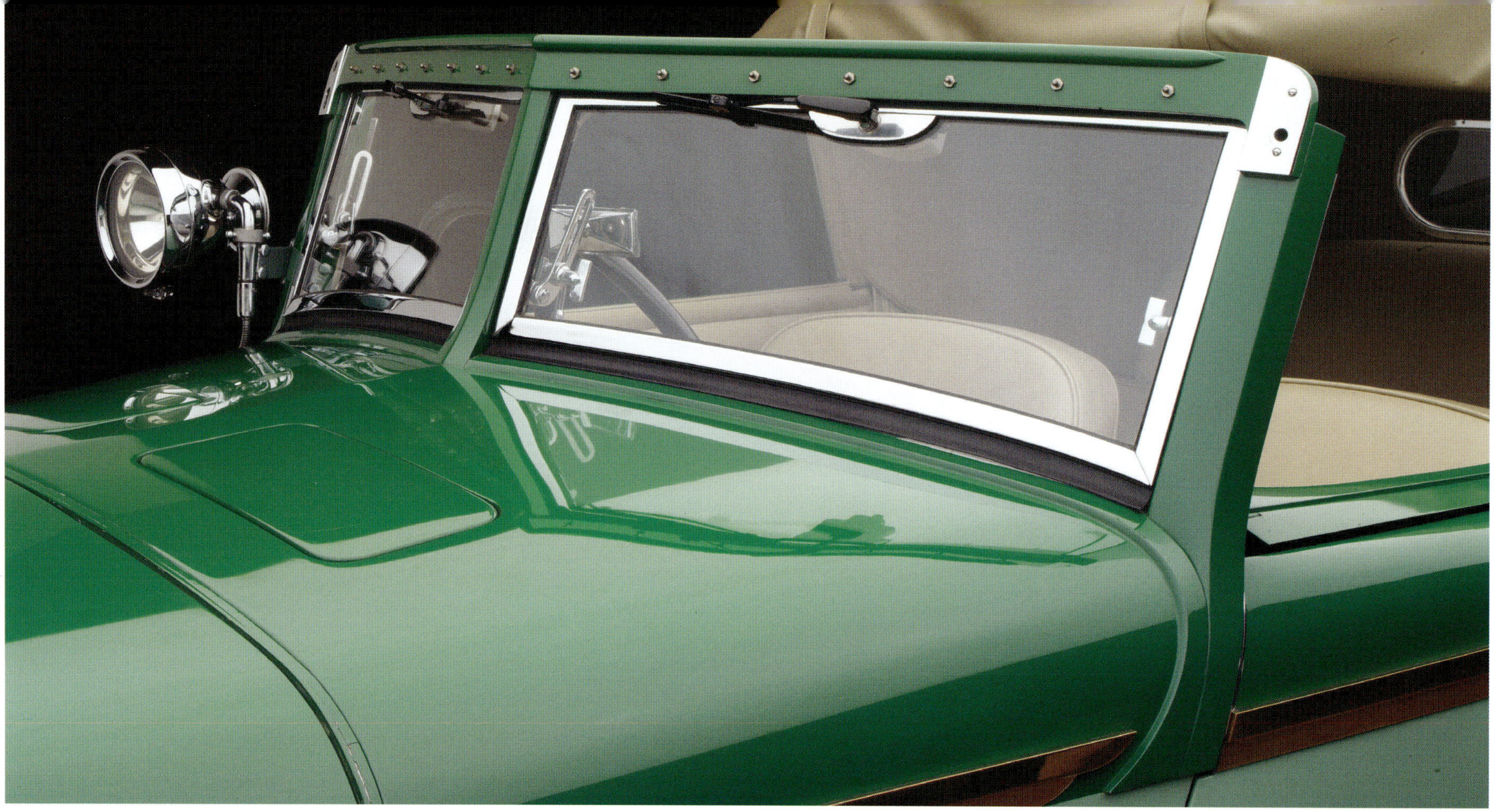

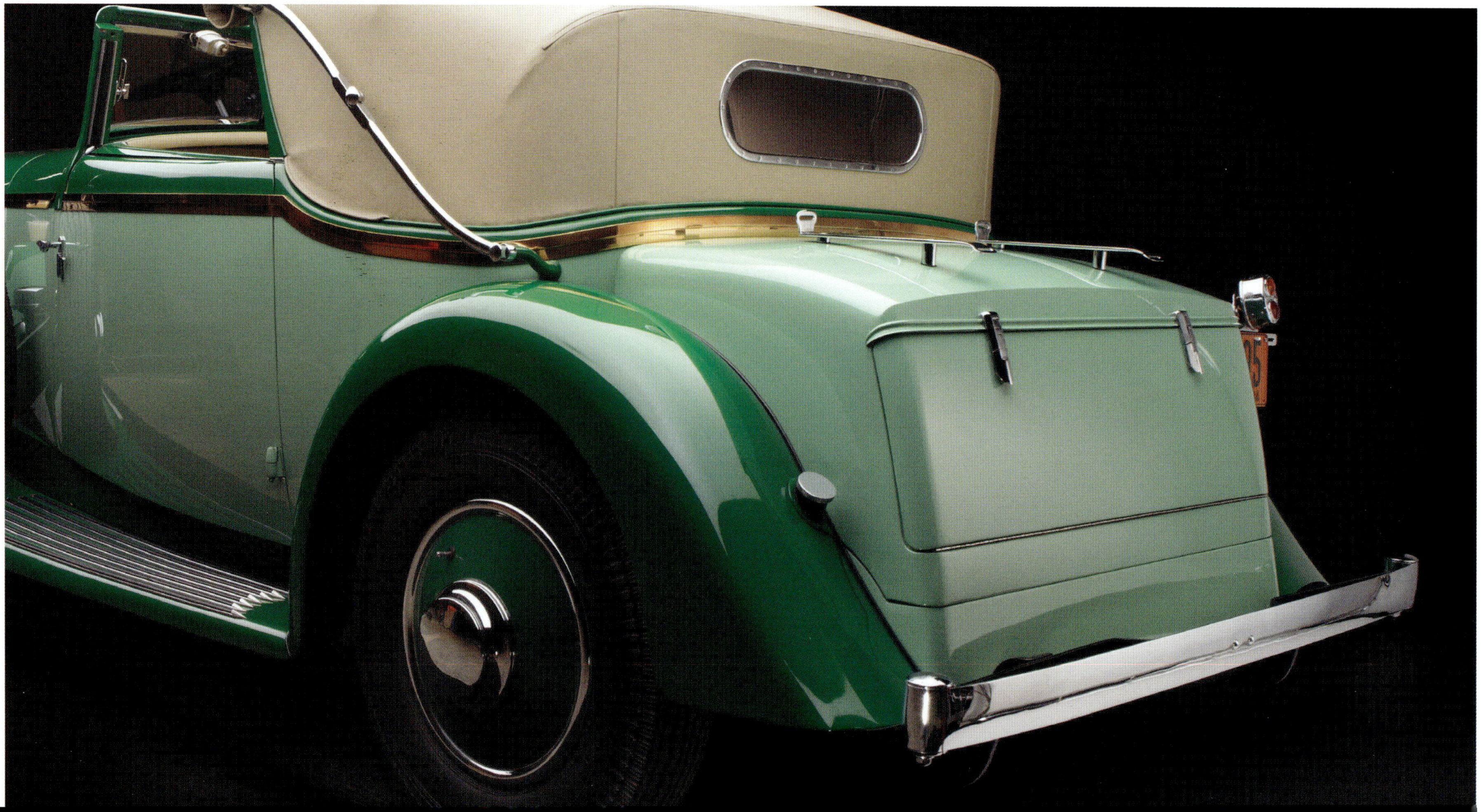

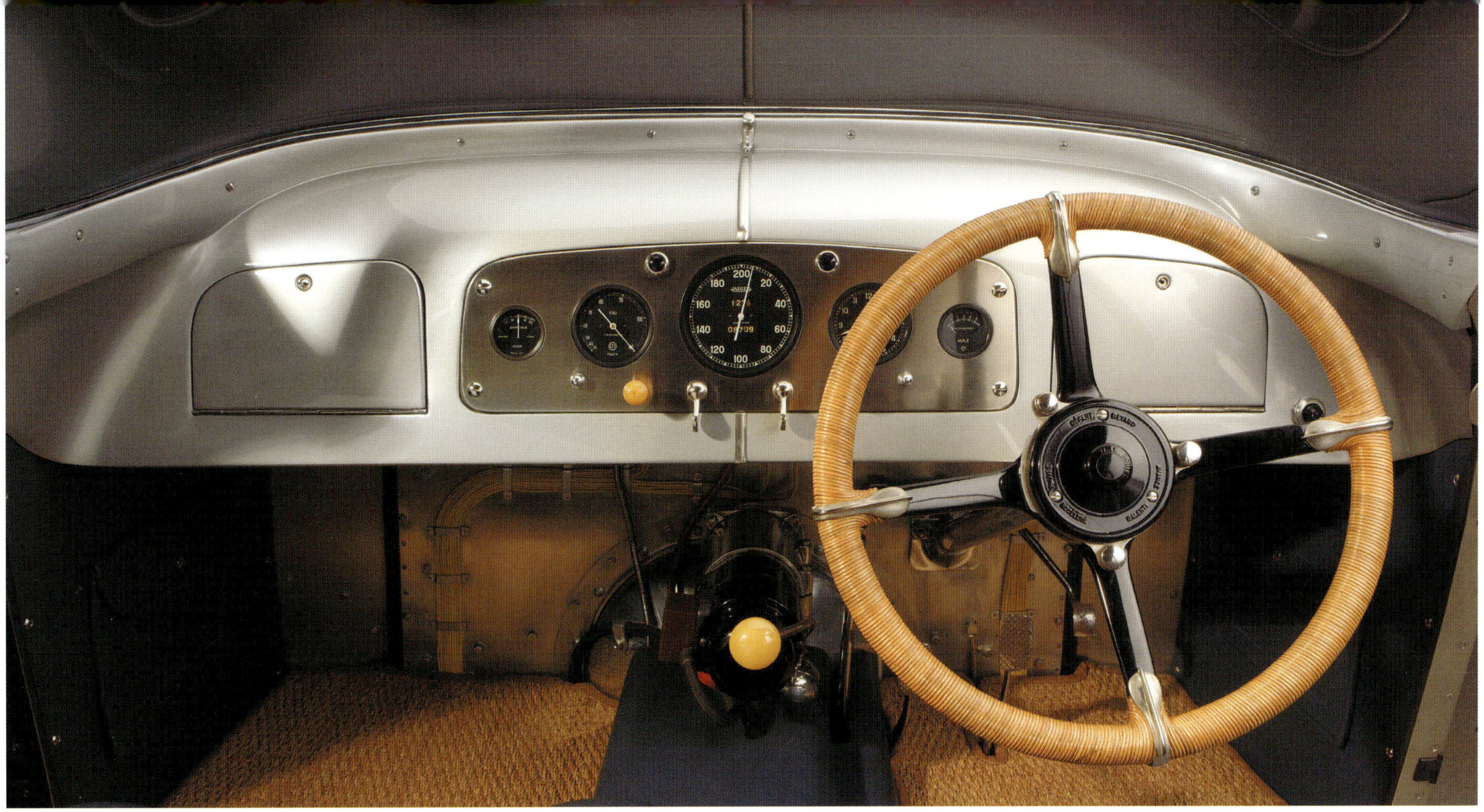

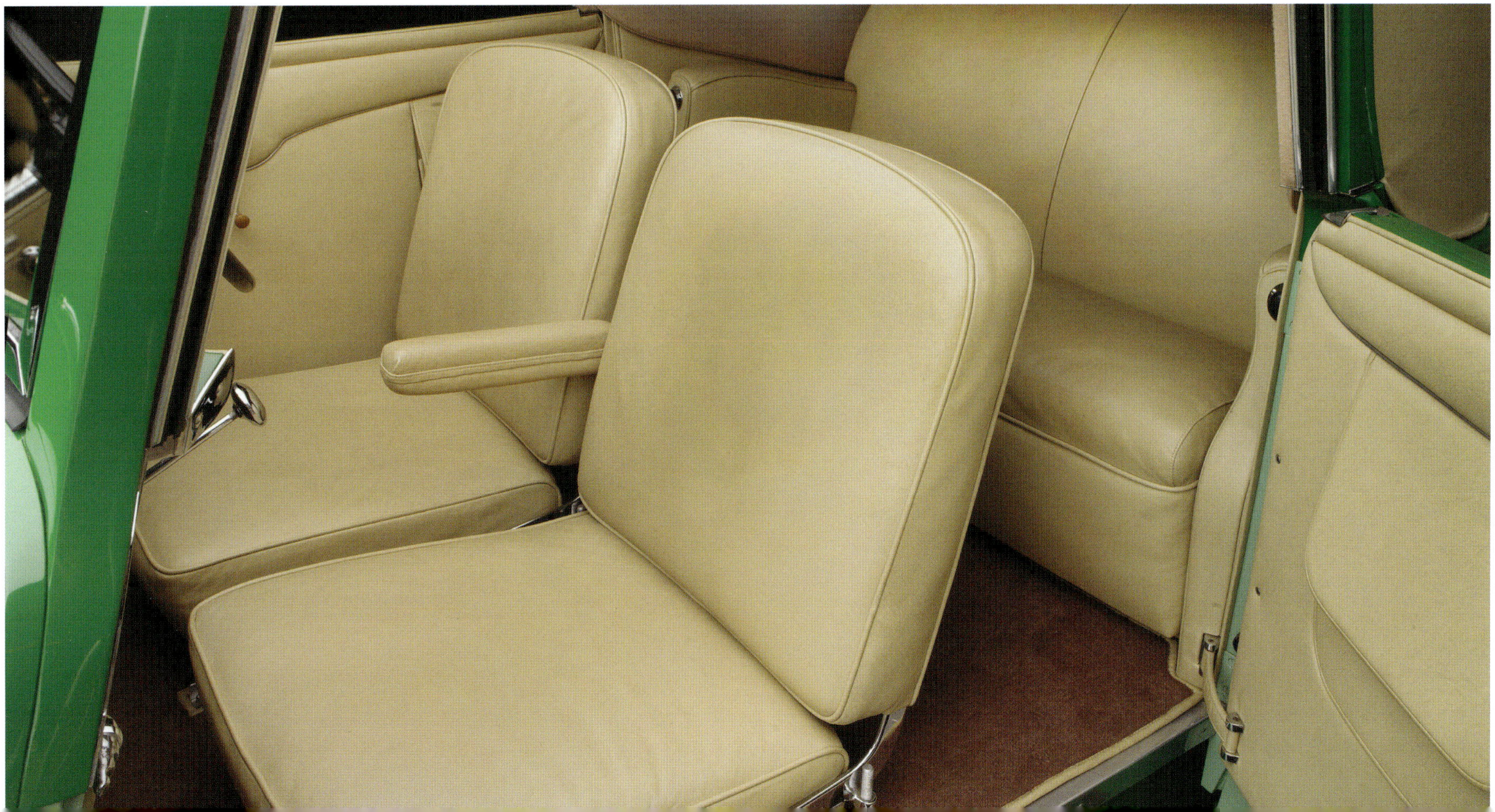

제원을 찾아서

엔진 형식 Engine
9.4리터, 60도 V-12, OHV

파워 Power
220bhp

기화기 Carburetion
듀얼 솔렉스 다운 드래프트

점화 방식 Ignition
듀얼 신틸라 마그넷

제동 방식 Brake
서보 기계 드럼

변속기 Transmission
3단 싱크로메시 매뉴얼

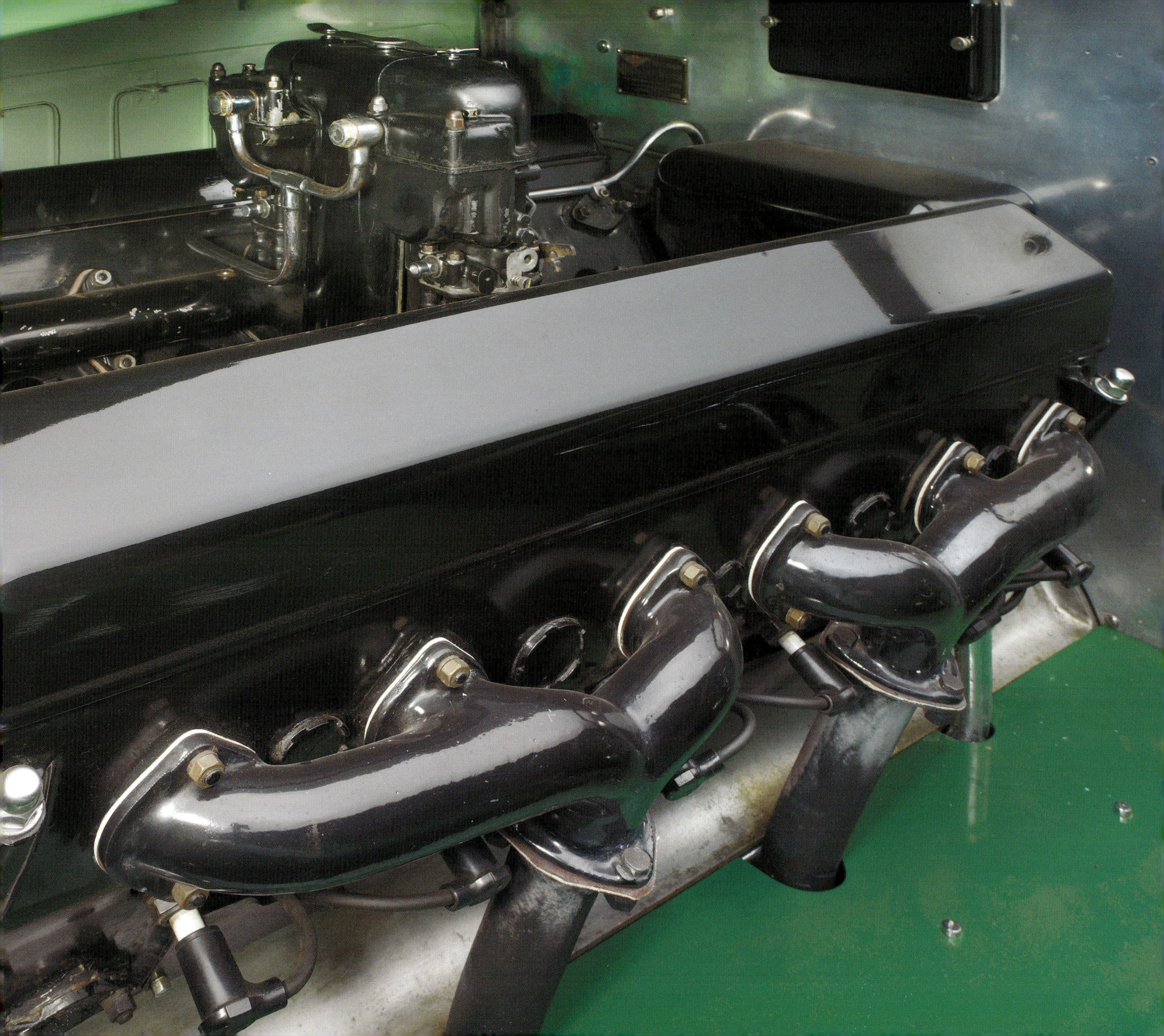

1936
Cord 810 Model C92 Beverly Sedan

코드 810 모델 C92 비벌리 세단

30년 세월을 뛰어넘은 근육질의 상남자!

출시 당시에 이 차는 자동차의 미래를 구현한 것처럼 보였었다. 810은 초기 '코드' 자동차의 전륜 구동 기술을 유지하면서, 런닝 보드를 피하고 크랭크로 작동하는 혁신적인 은폐형 헤드라이트가 특징인 아르데코 스타일의 차체로 감쌌다. 이 차는 시장에서 Auburn 위, 듀센버그 아래에 위치하도록 설계되었으며 가격은 캐딜락과 비슷하게 책정되었다.

'오번-코드-듀센버그' 회사의 사내 디자이너였던 Gordon Miller Buehrig가 이 아름다운 자동차의 제작을 진두 지휘하였다. 별도의 프런트 그릴 대신 차량의 한쪽 후드 라인 아래에서 차량 전면을 감싸고, 반대편으로 내려와 카울에서 끝나는 루버를 장착하였다.

다른 독특한 발전 중에는 일체형 차체와 폰툰 펜더(Pontoon Fenders) 아래의 독립적인 프런트 서스펜션이 있다. 네 개의 도어는 모두 동일한 다이를 사용하여 스탬프가 찍혀 있어 비용을 절감하고 차량의 독특한 외관을 돋보이게 했다.

'쿠페 코드 810'은 "Westchester" 또는 "Beverly"라고 불렸으며, 이 차는 차량 내부에 4개의 조수석에 각각 팔걸이가 장착된 개별 장치로 되어 있어 "armchair" 비벌리라고 불렀다. 운전자는 타코미터를 즐겼고 대시보드에는 라디오가 내장되어 있다. 자동변속 기어박스는 Lycoming 엔진에서 구동되어 뒷바퀴로 전달되는 동력의 흐름을 제어하곤 하였다.

125마력 V-8 엔진을 탑재한 코드 810과 원심식 슈퍼차저를 장착한 이듬해의 812 모델은 상당히 빨랐지만, '오번-코드-듀젠버그'가 미래를 향해 나아가기에는 충분하지 않았었다. 결국 1937년 대공황으로 인해 회사는 폐업하고 말았다.

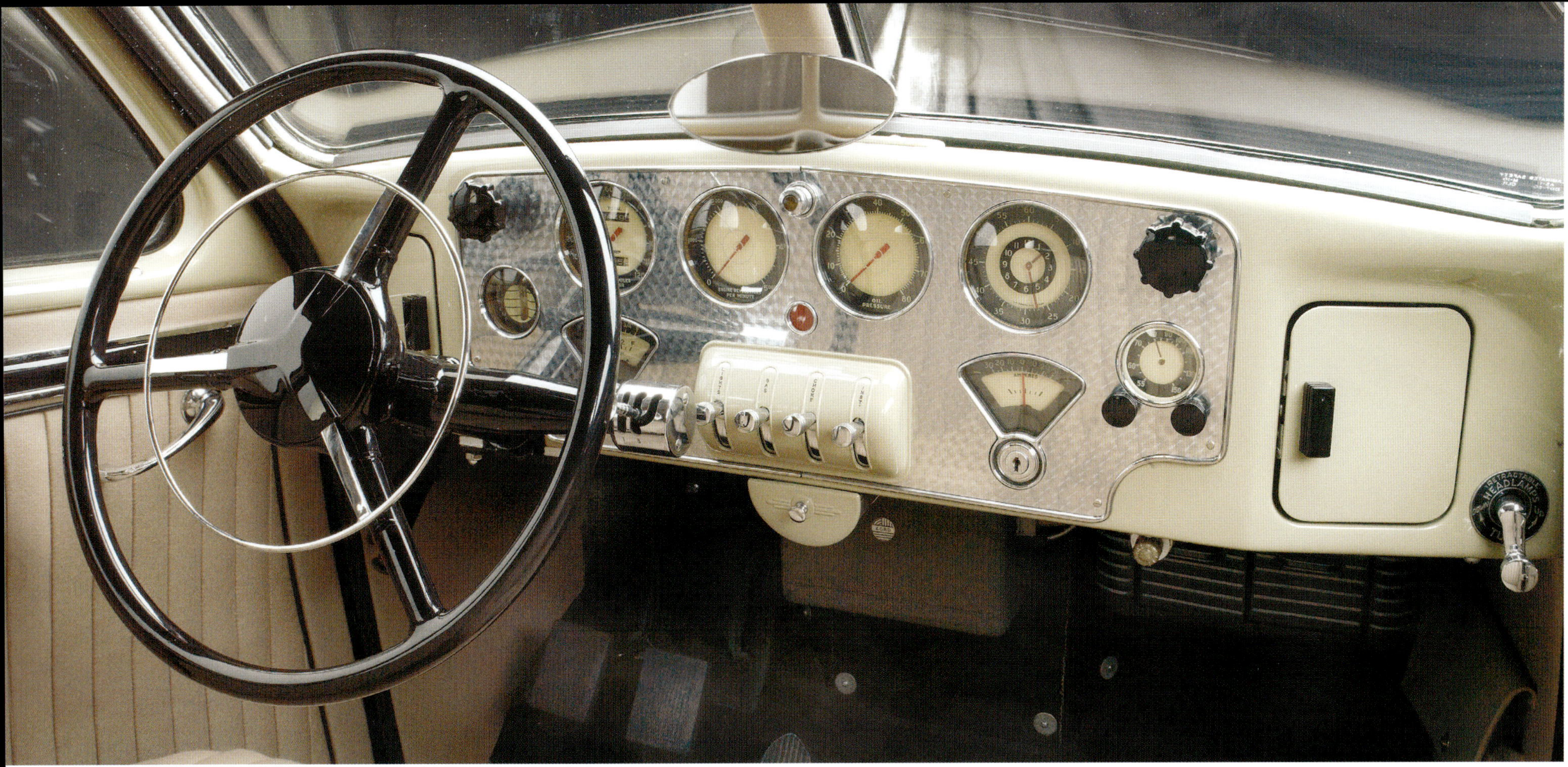

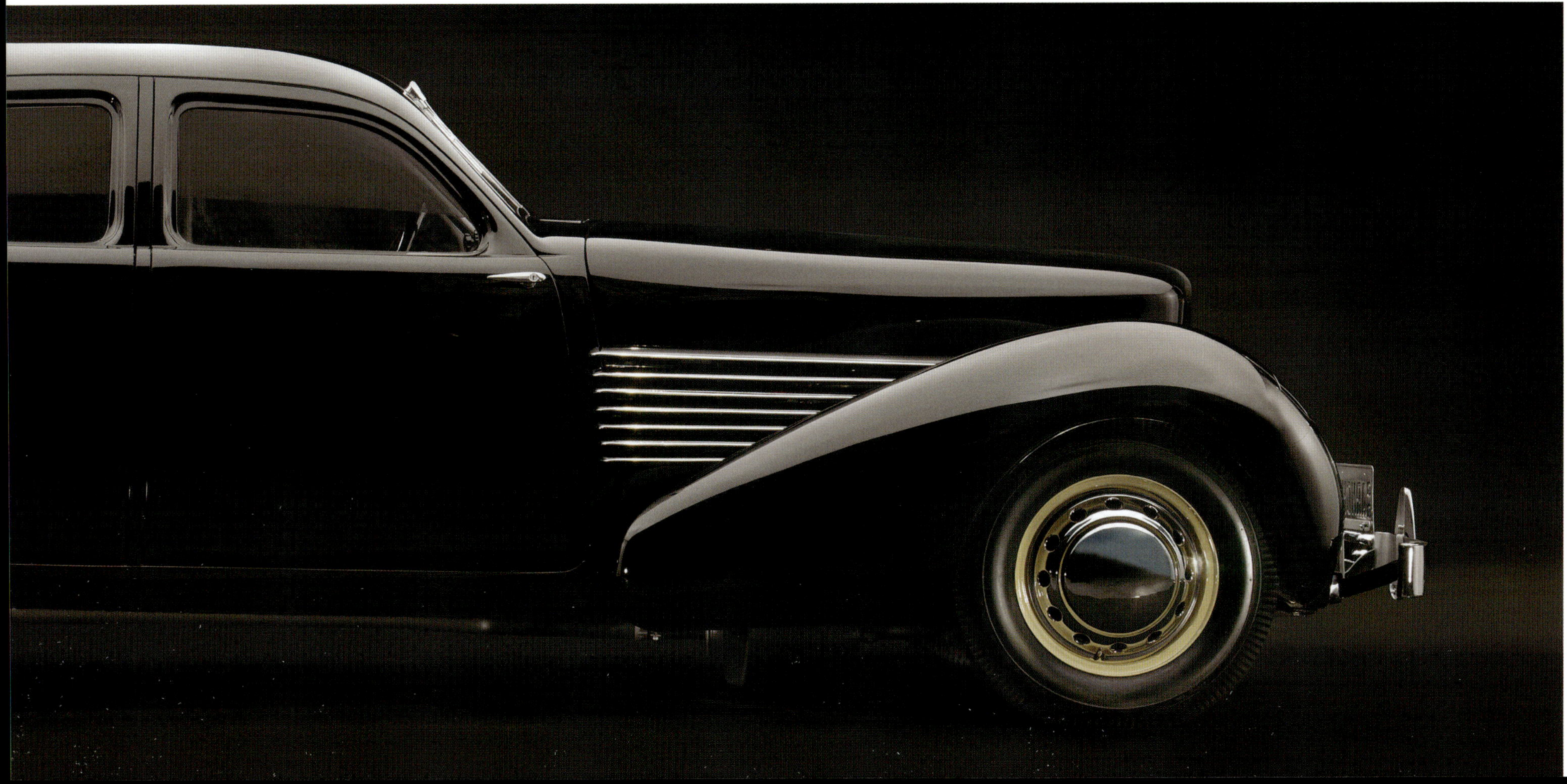

제원을 찾아서

엔진 형식 Engine
4.7리터, 90도 V-8, 알루미늄 헤드

변속기 Transmission
4단 프레셀렉터, 진공/전동 변속

최고속도 Top Speed
144km/h

시속/0-96km/h
20초

1941
Chrysler Town & Country

크라이슬러 타운 & 컨트리

차체를 나무소재로 덧댄 희대의 자동차

이 "woody" 왜건은 여기에 수록한 다른 자동차들 사이에서 조금은 이상하게 보일 수 있다. 하지만 몇 가지 측면에서 보면 과거와 현재를 잇는 가교 역할을 하는 자동차라고 말하고 싶다.

첫째, 이 자동차는 미국이 제2차 세계대전에 참전하기 전인 1941년에 제작된 가장 최신의 자동차이다. 이 차는 넓고 아름다운 나무 목재 차체로 인해 코치빌드로 제작된 유일무이한 자동차도 아니고, 일반적인 생산 자동차도 더구나 아니다. 옛날에는 목재가 자동차의 구조용 부품으로 사용되는 흔한 소재였다.

오늘날에는 목재를 이렇게 사용한 모건 외에는 찾기 어려울 것이다. 또한 Town & Country는 수작업으로 제작되었는데, 이는 오늘날에는 흔치 않은 클래식 시대의 또 다른 특징이다.

스타일리시한 패스트백 루프(일명 Barrel Back)와 낮게 장착된 이중 측면 경첩식 뒷문으로 인해 '타운 앤 컨트리'의 모양은 다른 왜건과는 전혀 다른 모습이었으며, 아예 왜건이 아닌 다른 차라고 생각할 수도 있다.

금속 지붕은 뒷창문을 감싸고, 트렁크 도어 위의 벨트 라인까지 경사지게 내려가도록 꾸몄다. 지붕과 펜더 사이의 나머지 차체는 구조용 부품은 우드 화이트 애쉬로, 어두운 색상의 삽입 패널은 온두라스 마호가니로 제작되어 아름다운 대조를 이루고 있다.

　이 중 997대만 생산되었으며, 797대는 이 모델과 같은 9인승 버전이었다. 그러나 '타운 앤 컨트리' 등록부에는 9인승 생존자가 20명 미만으로 기록되어 있다.

　고급 럭셔리 모델이었던 '타운 앤 컨트리'에는 크라이슬러의 유체 구동(Fluid Drive) 시스템이 장착되어 있다. 엔진과 클러치 사이의 유체 커플링으로 구성되어 운전자가 클러치를 사용하지 않고도 차를 멈추거나 시동을 걸고 1단과 2단 기어를 변속할 수 있다.

　시내 주행에도 아주 적합하다는 평이다.

제원을 찾아서

엔진 형식 Engine
4리터, 직렬형 V-6, 플랫 헤드 '스핏 파이어'

파워 Power
112bhp

토크 Torque
196lbs-ft

축거 Wheel base
300cm/121.5인치

중량 Weight
1,964kg/4,330lbs

판매가 Sale Price
1,475달러

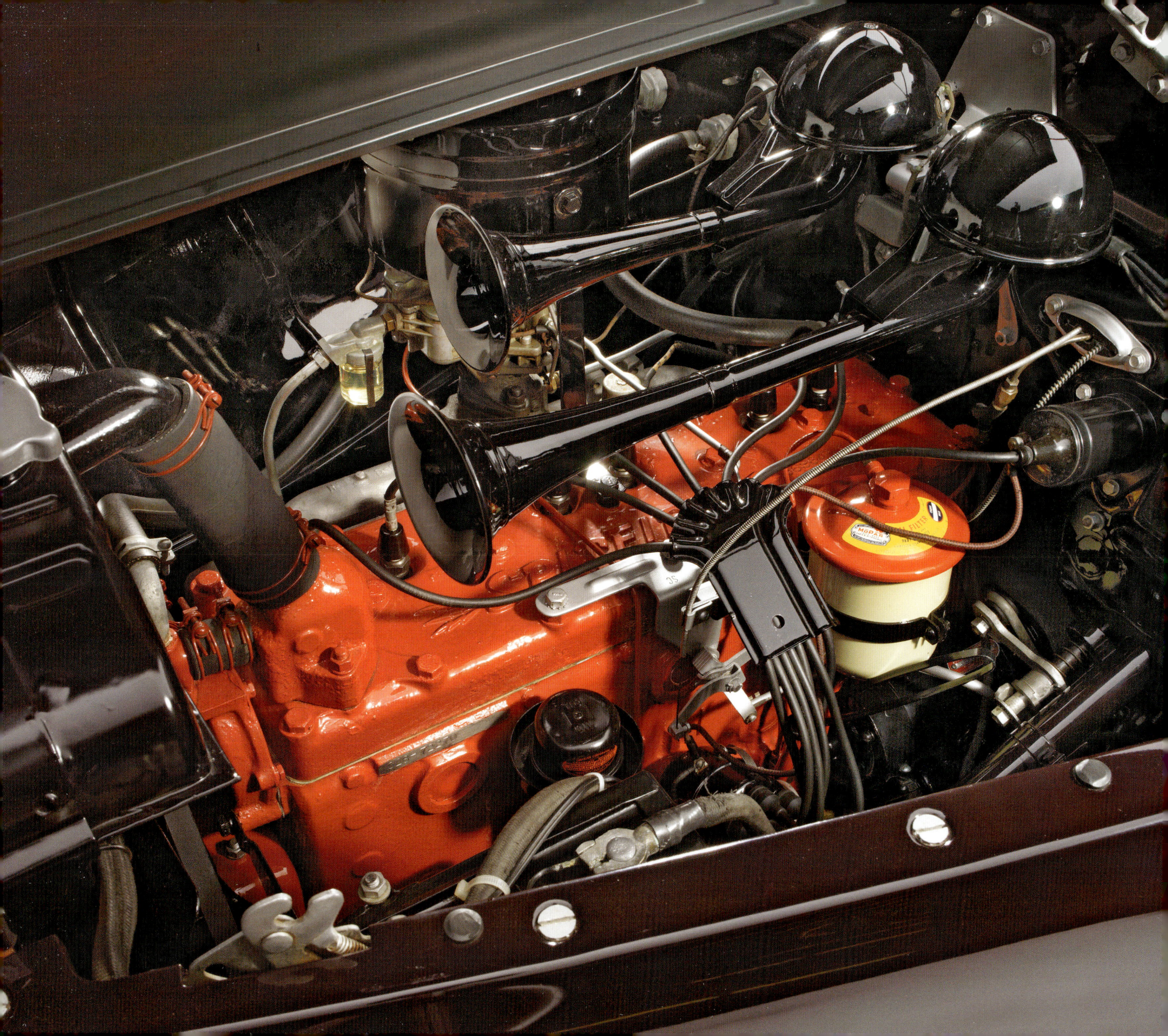

Acknowledgments

We would like to thank the following people for making their historic automobiles available for this book:

Academy of Art University, San Francisco, CA: 1933 Pierce-Arrow Silver Arrow

Tom Armstrong, Issaquah, WA: 1931 Duesenberg SJ Convertible

Auburn Cord Duesenberg Automobile Museum, Auburn, IN: 1930 Cord Cabriolet L-29

Robert and Sandra Bahre, Oxford, ME: 1934 Packard Twelve Runabout Speedster,
1934 Packard Model 1106 V-12, 1934 Hispano-Suiza J-12 Sedanca

William E. (Chip) Connor, Carmel, CA: 1937 Bugatti Type 57S Atlante

Richard and Debbie Fass, Vienna, NJ: 1936 Cord 810 C92 Beverly Sedan

Edsel and Eleanor Ford House, Grosse Pointe Shores, MI: 1934 Edsel Ford Model 40 Special Speedster

John J. and Nora L. Heimerl, Suffolk, VA: 1935 Chrysler Imperial Model C2 Airflow Coupe

Herrington Collection, Bow, NH: 1937 Mercedes-Benz 540K Special Roadster

Peter Heydon, Ann Arbor, MI: 1941 Chrysler Town & Country

Sam and Emily Mann Collection, Englewood, NJ: 1935 Duesenberg JN Roadster, 1937 Delage D8-120S Cabriolet

Bruce and Jolene McCaw, Redmond, WA: 1930 Bentley Speed-Six *Blue Train Special*

Peter Mullin Automotive Museum Foundation, Oxnard, CA: 1937 Dubonnet Hispano-Suiza "Xenia" Coupe

The Nethercutt Collection, Sylmar, CA: 1933 Cadillac Fleetwood V-16 Aero-Dynamic Coupe

Jim Patterson/The Patterson Collection, Louisville, KY: 1936 Delahaye Model 135M Coupe

Price Museum of Speed, Salt Lake City, UT: 1911 Mercer 35R Raceabout, 1916 Stutz Bearcat

The Revs Institute for Automotive Research at the Collier Collection, Naples, FL: 1937 Delahaye 135MS Roadster

John W. Rich, Jr., Frackville, PA: 1939 Delage D8-120S Cabriolet

Jon and Mary Shirley, Bellevue, WA: 1938 Alfa Romeo 8C2900B

Edmund J. Stecker Family Trust, Pepper Pike, OH: 1930 Jordan Speedway Series Z Ace

Harry Yeaggy, Cincinnati, OH: 1935 Duesenberg SJ *Mormon Meteor I*

〈또 다른 Auto Essay로의 초대〉

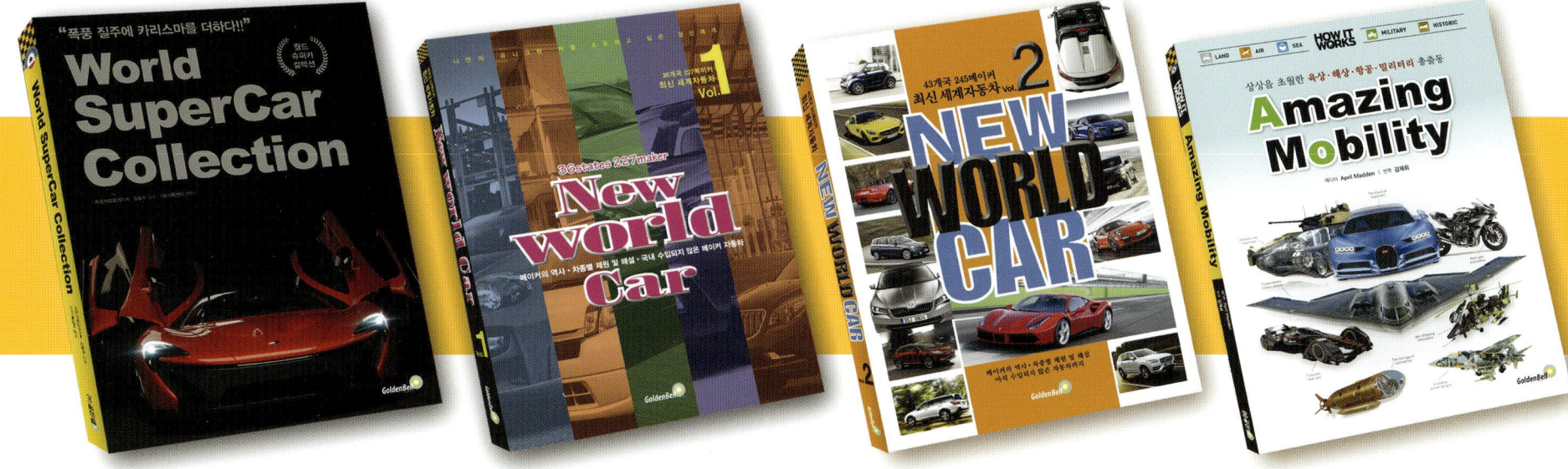